みんなの知らない

ロジスティクスの仕組み

—暮らしと経済を支える物流の知恵—

苦瀬 博仁　岡村 真理　著

東京 白桃書房 神田

はじめに

われわれが日常生活でお世話になるコンビニは、お客様の希望する商品を希望する時間に取りそろえるように努力しています。宅配便は、正確な時間と場所に、的確な物資を届けています。このような努力こそが、ロジスティクスの極意なのです。三年前に起きた東日本大震災では、一部の被災者のもとに緊急支援物資が届かないこともあって、ロジスティクスや物流の不備がマスコミで指摘されました。災害によってロジスティクスが話題になることは好ましいことではありませんが、ロジスティクスという言葉が身近になりました。

ロジスティクスとは、商品や物資の調達から生産と流通を経て、消費に至るプロセスです。このとき物流には、「輸送（商品や物資の空間的な移動）」と「保管（商品や物質の時間的な移動）」があり、さらには製品を組み合わせる「流通加工」、製品を保護する「包装」、製品の積み込みと荷おろしの「荷役」があります。

われわれの周囲には、コンビニや宅配便だけでなく、また災害のときだけでなく普段の日常生活でも、気づかないだけでさまざまなロジスティクスに囲まれています。これらを知れば知るほど、ロジスティクスなくして日常生活が立ちゆかないことが理解できるはずです。

そんなことを考えて、２人の著者が国内の各地を訪ね、インタビューや調査をもとに、はこぶ、ためる、あわせる、くらす、エコという私たちの生活に根差したロジスティクスに焦点をあてて、この本をまとめてみました。これに、ロジスティクスの意味と役割を解説するために「ロジスティクス学」を加えました。

この本を通じて、ロジスティクスに携わる人たちが、皆さんの生活を支えていることを知っていただければ、著者の努力が十分に報われたことになります。そして、ロジスティクスを少しでも身近に感じていただければ幸いです。

なお、調査が数年間にわたったため、データや実態の一部で、現在と異なるものもあります。

苦瀬博仁
岡村真理

平成27年1月

目次

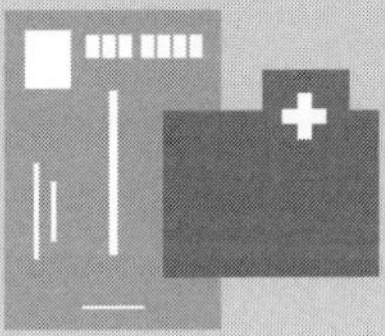

第1章

はこぶ（輸送）

1　ジンベエザメの引っ越し

(1) 気力体力が必要な引っ越し

私たちが日常生活で身近に経験する物流のなかに、引っ越しがあります。引っ越しは、人生のうちで何回もするものではありません。作家の江戸川乱歩は70年の生涯で、46回もの引っ越しをしたというエピソードがありますが、引っ越しは、なかなかに気力、体力、財力が伴わないとできないと思います。その気力体力を伴う引っ越しを、動物たちもすることがあります。

ここでは、大阪にある「海遊館」という水族館のジンベエザメの引っ越しを取り上げてみたいと思います。

(2) ジンベエザメ、海遊館にやってきた

ジンベエザメは、成長すると全長12ｍ以上、体重は10ｔにもなると言われる世界最大の魚類です。性格は臆病でおとなしく、環境の変化に敏感で、飼育が難しい種類です。世界中の熱帯から温帯のあたたかい海域に生息し、回遊すると考えられていますが、そのルートはまだ解明されていません。大きな体ですが、甲殻類などのプランクトンや小魚を食べます。

日本では、初夏から秋に、本州や四国、九州の黒潮海流が流れる太平洋沿岸などで見られます。

海遊館で飼育展示しているジンベエザメの多くは、高知県土佐清水市以布利《いぶり》の沖合に仕掛けた定置網で捕獲しています。もともと、定置網はイワシやカツオなど食用魚を獲るために仕掛けていますが、定置網は魚が回遊する地形に合わせて設置してあるため、ジンベエザメが迷い込むこともあるのです。漁師は「ジンベエザメのいるところにはイワシやカツオあり」ということで、ジンベエザメが定置網にかかると、〝大漁の前兆〟として喜びます。

海遊館では、生態調査や研究も踏まえ、1990年から、ジンベエザメの飼育に取り組んでいます。では、ジンベエザメがどのような経過で海遊館に引っ越して来るのかを確認しましょう。海遊館の「太平洋」水槽で飼育展示されるまでには、いくつかの条件をクリアしなければなりません。高知県土佐清水市以布利の沖合に仕掛けた定置網にジンベエザメが入った情報を受けると飼育係員は現地に赴いて、いくつかの項目を確認します。体に傷がないか、輸送できる大きさか、オスかメスか、といった項目をチェックして、飼育展示に不向きと判断した場合は捕獲しません。健康で、飼育

写真１　ジンベエザメの食事の時間。大きな柄杓を使って餌を与える

展示に向いていると判断した場合は、以布利港にある「大阪海遊館海洋生物研究所以布利センター」（以下、以布利センターと表記）の大水槽に移送します。

以布利センターでは、海遊館と同様の飼育環境で元気に育つか、飼育係員が与える餌をちゃんと食べるかなどをチェックしながら、大切に育てます。餌の時間になると、大きな柄杓のような餌入れで飼育係員が水面をたたきます。その合図に気づいたジンベエザメは、餌入れに近づき、立ち泳ぎの姿勢で口を大きく開閉させて餌を食べます（写真1）。

（3）専用コンテナにジンベエザメを収容

環境の変化に敏感なジンベエザメを、どうやって運び出すか。ジンベエザメをはじめ、サメやエイの仲間には、肋骨が発達していません。水の中以外では、自重に耐えきれず、死んでしまう恐れがあります。そのため、水の中に入ったままで運ばなければなりません。そこで、試行錯誤した結果、専用のコンテナを用いて、運搬船で運ぶことにしました。専用コンテナの大きさは、奥行き5・5m×幅2・0m×水深1・5m（内寸）です（写真2）。

コンテナにジンベエザメを入れるためには、まず、クレーンでコンテナを吊り上げ、水中に沈めます。そして、ジンベエザメが自らコンテナに入るように、飼育係員が誘導します（写真3）。

次に、ジンベエザメが入ったコンテナごと、運搬船に乗せます。運搬船では、ジンベエザメと一緒に飼育係員がコンテナに入り、様子を見守ります。たまにジンベエザメがビックリして突然大きな動きをすることがあります。コンテナの中に入る飼育係員は、ジンベエザメの体の表面が傷つかないよう、ウエットスーツの上に、なめらかな素材の雨合羽を着て作業に当たります。

コンテナ内の海水を、外海水で交換しながら水質を保ちます。外海水はろ過機で濾して、適した温度に調節してからコンテナ内に注水します。水温が低すぎると、ジンベエザメが弱ってしまう可能性があります。また、長時間コンテナ内でじっとしていると、体の表面が白っぽくなることがあります。これは、体調不良のサイン。これを避けるために、コンテナ内に入った飼育係員は、ジンベエサメの尾びれを左右に動かします。

写真2　ジンベエザメやナンヨウマンタなどを運ぶ専用コンテナ

写真提供：海遊館

写真3　コンテナを水中に沈め、ジンベエザメが自らコンテナに入るように誘導する

写真提供：海遊館

写真４　海遊館に常設されている大型クレーン。ジンベエザメを収容した専用コンテナを水族館内の水槽に運び込む

写真提供：海遊館

（4）海遊館の「太平洋」水槽へ

海遊館に到着するとクレーンを使って、ジンベエザメが入った専用コンテナを水族館内の水槽に運び込みます（写真４）。こうして、ジンベエザメは、一度も水から出ることなく、高知県から大阪の海遊館まで引っ越しを行います。

数年ほど前からは、ジンベエザメの健康状態を正確に把握するため、血液検査を行っています。今後は、高速道路を利用した陸上輸送を検討し、さらに輸送時間の短縮を図る予定です。ジンベエザメの生態は、まだまだ解っている情報が少なく輸送方法や健康管理の方法も、試行錯誤の繰り返しです。いずれも事例を増やすことで、生態の研究につなげていくことになるでしょう。

（5）ジンベエザメ、海遊館から海に帰る

海遊館まで引っ越してきたジンベエザメが、ふるさとの海に戻ることもあります。

高知県から運んでくるときは全長約４・０m、コンテナの奥行きは５・５mなので、成長に伴い

海へのリリースを検討します。ジンベエザメを海にリリースするときは、以布利センターまで運び、一定期間、健康管理を行ってから以布利の沖合の海に放します。

定置網に入ってから数回にわたって経験する引っ越しも、これがジンベエザメにとって最後です。今もイワシやカツオを引き連れて、悠々と大海原を回遊していることでしょう。

写真５　週に２〜３回、和歌山県の日ノ御碕の沖合へ行き、海遊館の水槽で使用する海水を運ぶ船「かいゆう２」

写真６　水族館の脇には、地下に直結した取水口がある。日ノ御碕沖で汲んできた海水は、取水口から水族館内に入れ、ろ過して水槽で使用する

(6) 海水も海遊館に運ばれ、海に帰る

海遊館では、生き物たちができるだけ自然に近い環境で暮らせるように配慮しており、水槽に入れる海水にも、愛情がたくさん詰まっています。「かいゆう2」という専用船を使って、週に2〜3回、和歌山県の日ノ御碕《ひのみさき》の沖まで使用する海水を汲みに行くのです(写真5)。

1回に採取する海水の量は、約350t。船が海遊館に戻ってくると、水族館の脇にある地下に直結した取水口のホースに差し込み、船から地下にあるタンクに一時的に水を移動させ、保管します(写真6)。

採取した水は水質検査を行い、ろ過して、懸濁物《けんだくぶつ》(不溶解物質)を取り除いてから使います。こうして丁寧に運ばれた海水が、ジンベエザメなどの水槽に使用されます。海遊館では、この貴重な海水を無駄にしないため、魚類で使用した後、ラッコやアザラシなどの海獣たちの水槽で再利用しています。

〈ロジスティクス学①〉

ロジスティクスと物流機能

人と動物の引っ越しの違い

動物の引っ越しの最大の特徴は、家財道具や衣料品がないという点である。人間であれば、食器や衣料品に始まり、家財道具や楽器まで運ぶのだから、自らの移動よりも荷造りが大変となる。一方で、家財道具を持っていない動物は、動物そのものの移動が引っ越しになる。

この動物の引っ越しを人間の側から見れば、動物の輸送ということでもある。

物を運ぶという意味で「輸送」という用語があるが、「物流」と「ロジスティクス」という用語もある。

そこでここでは、ロジスティクス、物流、輸送という専門用語を整理しておきたい。

ロジスティクスについて

ロジスティクス（Logistics）は、日本語に訳すと兵站《へいたん》である。「兵」が付いていることからも想像できるように、ロジスティクスは、もともと戦略（Strategy）や戦術（Tactics）とともに、三大軍事用語の1つであった。戦略は「戦争を実行するための計画」であり、戦術は「戦闘のための技術」である。そしてロジスティクスは戦場の後方で、「食糧や武器弾薬を、過不足なく調達して滞りなく前線に届けるための、供給・補充・輸送であり、戦場での施設の設営や道路建設」までも含まれている。

このため「ロジスティクス」という用語は、「何かをするために必要な準備や手配」という意味でも使用されている。たとえば会議での昼食や飲み物の準備、旅行時のホテルやレストランの手配から航空券の座席確保なども、ロジスティクスということがある。ビジネスでは、メーカーの原材料や部品調達、デパートやコンビニでの品揃えもロジスティクスである。

　ビジネス・ロジスティクスとは、「原材料の調達から生産を経て消費までの流通過程において、顧客のニーズに適合させながら原材料・仕掛品・完成品の流れを、計画・実施・管理すること」である。ビジネスの目指すところは「安く仕入れて、安く生産して、高く売ること」だから、ロジスティクスも「コストの最小化と付加価値の最大化による利益の最大化」に貢献しなければならない。こうしてメーカーや卸小売業者は企業の効率化と販売拡大の手段として、ロジスティクスを考えている。

　ロジスティクスが生産から消費を結ぶとき、農場→工場→流通センター→店舗→住宅と流れているが、これをサプライチェーンという。このとき、工場と流通センターの間のやりとりを取り出してみると、

図表1－1　サプライチェーンとロジスティクス

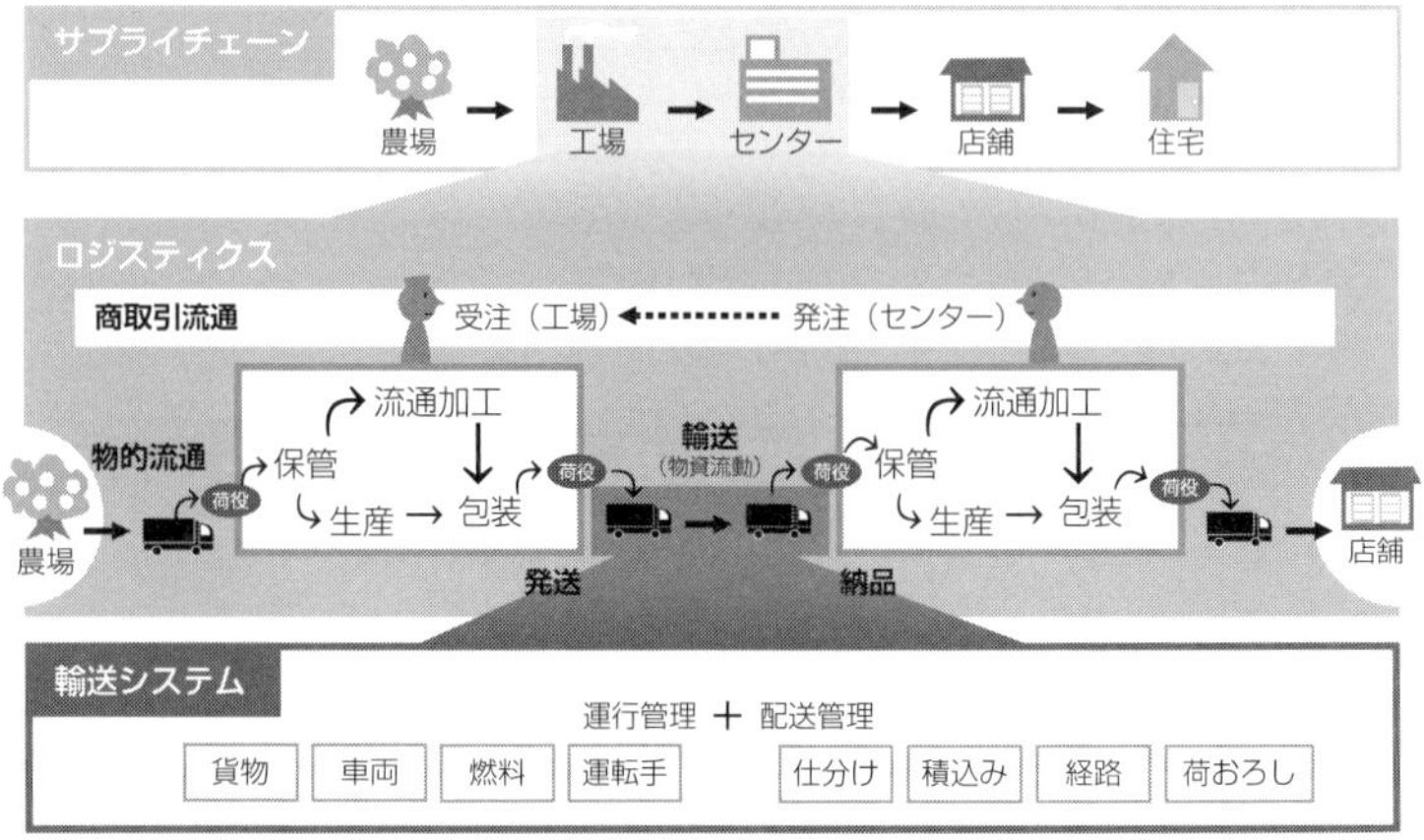

流通センターから商品を発注し、工場では受注して生産してから発送し、流通センターに届ける。これがロジスティクスに相当する（図表1―1）。

このうち、商品を発注したり代金を支払うことを商取引流通（商流）といい、実際に商品や物資を移動させることを物的流通（物流）という。

3つの物流による混乱

物流とは、もともと英語を「物的流通（Physical Distribution）」と直訳し、略語として「物流」となったものである。このとき物流には、輸送・保管・流通加工・包装・荷役・情報の6つの機能がある。

この一方で、輸送だけに着目した「物資流動（Freight Transport）」という用語があり、これも略すと「物流」になるので混乱が生じている。本来の物流（物的流通）では、保管や流通加工や包装も

図表1－2　3つの物流

物的流通（Physical Distribution）

輸送・保管・流通加工・包装・荷役・情報の6つの機能

物的流動（Freight Transport）

輸送機能と荷役機能

貨物自動車交通（Truck Trip）

自動車という輸送機関を対象にしており。物資を対象としていない。
このため、「物流」と呼ぶことは誤解を招く

物流に含まれるが、物流（物資流動）では輸送と荷役を対象としている。同じ「物流」でも、「物的流通」と「物資流動」では、意味が異なるのである。

さらに最近では、「貨物自動車交通（Truck Trip）」を「物流」ということもあるので、混乱に拍車がかかっている。しかし貨物自動車交通を物流と呼ぶことは、バスが満員でも空っぽでも「人の交通量が多い」というようなものなので、明らかに過りである（図表1―2）。

物流の6つの機能

物流の6つの機能は、4つに分類できる。

第1は、「運ぶ機能（①輸送機能と②荷役機能）」であり、大阪から東京に輸送するように、商品や物資を「空間的に移動」させることが輸送機能である。また自動車に荷物を積み込んだり、逆に荷おろしすることが荷役機能である（図表1―3）。

第2は、「ためる機能（③保管機能）」であり、秋の収穫した米を春や夏まで保管するように、商品や物資を「時間的に移動」させることが保管機能である。長期間になれば貯蔵や備蓄ということもあるし、短い時間であれば一時保管ということもある。

第3は、「商品の価値を高める機能（④流通加工機能と⑤包装機能）」である。製品を組み立てる生産加工や、ネクタイとハンカチをセットにして贈答品にするような販売促進加工が、流通加工機能である。次に包装には、スマートホンを入れて外部からの汚れや傷を防ぐ段ボールの外箱（外装）と、箱の中で衝撃から守る発泡スチロール（内装）と、外箱を包装紙でくるみリボンをかけて商品価値を高める包装（個装）がある。

第4は、「⑥情報機能」であり、「商流情報（商取引情報）」と「物流情報（物的流通情報）」がある。

このうち商流情報には、受発注情報（商品を電話で

図表１－３　物流機能の内容

（１）運ぶ機能（空間的な移動）

① 輸送機能：長距離を運ぶ「**輸送**」
商品・貨物を配る「**配送**」
商品・貨物を集める「**集荷**」

② 荷役機能：トラックや鉄道や船への「**積み込み**」
トラックや鉄道や船への「**荷おろし**」

（２）ためる機能（時間的な移動）

③ 保管機能：長期間預かる「**貯蔵**」
一時的に預かる「**保管**」

（３）商品価値を高める機能

④ 流通加工：製品を加工する「**生産加工**」
商品を組み合わせる「**販売促進加工**」

⑤ 包装機能：段ボールなどで商品を保護する「**外装**」
発砲スチロールなどで箱の中の商品を保護する「**内装**」
リボンなどを使い商品の価値を高める「**個装**」

（４）情報機能

⑥ 情報機能：商品や製品の、受発注と支払いの「**商流情報**」

⑦ 商品や製品の、数量・品質などの「**物流情報**」

頼んだりインターネットで注文する情報）と金融情報（お金を支払う情報）がある。物流情報には、数量情報（商品の在庫数など）、品質情報（商品の製造年月日や賞味期限など）、位置情報（倉庫内や輸送中の商品の位置）がある。

物流における輸送機能

「輸送機能」には、3つの種類がある。

1つ目は、長距離の「輸送（one to one）」で1カ所から1カ所に運ぶものである。たとえば、東京から大阪へのトラックによる輸送、ロスアンジェルスから横浜への船による輸送、名古屋から高崎までの鉄道輸送などである。長距離なので、船舶、航空機、鉄道、トラックなど、様々な交通機関を利用して運んでいる（図表1—4）。

2つ目は、配送センターから、短距離にある複数の配送先を回って荷物を配る「配送（one to many）」

図表1－4　集荷と輸送と配送

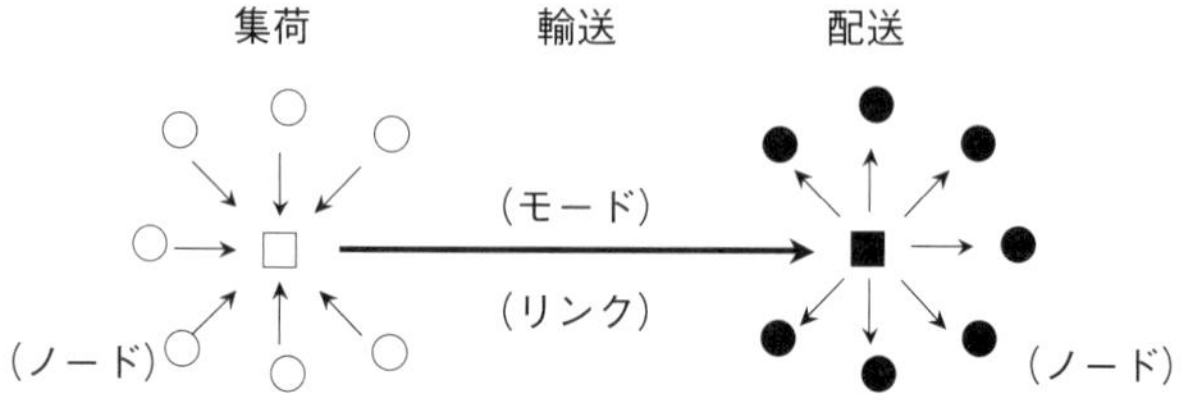

ノード（物流施設）：農場、工場、流通センター、店舗、住宅
（交通施設）：港湾、空港、操車場、ターミナル
モード（交通機関）：船舶、航空機、貨車、トラック
リンク（交通経路）：航路、航空路、鉄道、道路

である。宅配便の配送、郵便の配達、コンビニへのおにぎりやサンドイッチの配送などがある。

3つ目は、配送と同じ短距離だが、配送とは反対に、何カ所かを回って1カ所に荷物を集める「集荷(many to one)」である。宅配便が家庭や会社を回って荷物を集めることは、集荷なのである。配送と集荷では、トラックやオートバイなどを使うことになる。

このとき物資は、工場などの施設から流通センターへ、港湾やトラックターミナルなどの交通施設を経由しながら、船やトラックなどの交通機関により、航路や道路などの交通経路に沿って運ばれていく。この3つの要素を、専門用語では、ノード(物流施設、交通施設)、モード(交通機関)、リンク(交通経路)という。

物流機能から見たジンベエザメの引っ越し

ジンベエザメの引っ越しを物流機能からみると、輸送・保管・包装機能に特徴がある。

輸送機能としては、船で高知から大阪までの船舶輸送である。ジンベエザメという生体の輸送だからこそ、海水を入れたコンテナに入れて運ぶことになる。

荷役機能としては、ジンベエザメを高知でいけすから船に積み込み、大阪の海遊館前の埠頭で船から海遊館内に荷おろしする。どちらもクレーンを使って、海水とともにジンベエザメの入ったコンテナを釣り上げるのである。もちろん海遊館の外側にはクレーンがあり、館内の水槽までクレーンで運べるようになっている。

包装機能としては、リボンをかけるような個装はないが、外装がコンテナである。そして、ジンベエザメを衝撃から守るために職員が内装としての保護材になって、雨合羽を着てコンテナ内に入る。コンテナ内に入った職員は、輸送中にコンテナの壁にぶつかり傷つかないように保護しながら、ときには尾びれを揺すって血液循環を確保しながら輸送する。

こうして、輸送中の品質管理をしているのである。

2　現代のペガサス、空を飛ぶ競走馬

(1) 動物たちの旅行代理店

私たちが海外旅行するときは、ビザを取ったり予防接種をしたり準備をしてから、飛行機や船に乗ります。馬や牛、豚、鶏、犬、猫といった動物も同じように、飛行機や船に乗って日本や海外を行き来します。海外から日本に来る動物は、検疫やワクチン接種など、いろいろな準備をして日本にやって来ます。

では、日本にいる動物たちが海外渡航するときは、どうするのでしょうか？

実は、海外を行き来する動物たち専門に、旅行代理店のような業務を手掛ける企業があるのです。横浜港や成田空港を中心に動物の検疫業務などを請け負い、日本と海外の間で行われる動物検疫の仲介業務を手掛ける「北村回漕店」があります。

動物輸送は動物の種類や生育状態、航空機の手配状況などによってもいろいろな運び方があります。とりわけ興味深いのは競走馬ではないでしょうか。海外を行き来する競走馬の輸送となると、破格の待遇で海外を行き来することになります。

海外の第一線で活躍する競走馬が、日本に来るまでの例をご紹介しましょう。

（2）パスポート代わりのマイクロチップ

動物輸送は、国によって動物が入国できる基準が異なります。そのため、2国間で取り決めた受け入れ基準（法律）に従って、動物の安全性を確認するため検疫を実施します。輸出国が輸入国の基準に合わせないと、競走馬は輸入国に入国することができません。もしも一頭でも伝染病やウイルスを持った動物が国内に入ってきて、伝染病が広まってしまったら、畜産業ができなくなり、経済的にも産業としても大きな損失につながる恐れがあります。ひどいときは、動物から感染して人が死に至ることもあります。そういう危険を事前に防ぐためにも、動物検疫所で厳しい検疫を実施しているのです。

動物輸送で個体管理に使用されるのが、「マイクロチップ」です。輸出入する馬や動物には、個体履歴を管理するため、マイクロチップが埋められることがあります。世界に1つだけとなるマイクロチップのＩＤ番号には、個体の生年月日や保有者名、保有者の所在地、血液検査や病気の有無といった情報が入っています。マイクロチップを埋めた動物は、世界のどこに行っても、どういう個体なのかＰＣ（パソコン）で判別できるようになっています。

（3）快適な空の旅に欠かせない、馬の特等席「ホースストール」

私たちが乗る飛行機には座席が用意されていて、しかも搭乗前に座席番号が指定されます。競走馬の場合には、座席はあるのでしょうか？　それとも座席ではなく、立ち席でしょうか？

競走馬を運ぶときは、世界基準に適合した貨物機専用の馬用の通い箱「ホーストール」を使います。ホーストールは、1つの箱の中に立った状態で3頭並べて運べます。馬のストレスを軽減させるためなど、なるべくゆったりしたスペースをとって運ぶ場合には、2頭もしくは3頭分のスペース分の代金を荷主が負担して、輸送を依頼します。

飛行機の貨物室に入る際は、なるべく馬がストレスを感じないように、すべての貨物を積み込み終わってから、ホーストールを飛行機の胴体の脇腹部分か、機首の先頭部分のどちらかに搬入します。飛行機の貨物室に最後に搬入すると、目的の国に着いた時、最初に搬出するので、貨物室での滞在時間が必然的に短かくなり、それだけストレスが少なく、迅速に搬出入できます。

貨物室内では、馬は立ったままで休息を取ります。動物が立ったままでの輸送は、飛行機が離着陸するときも、四本足でバランスを取ることができます。基本的には、どの動物も寝るときは座ったり横になって寝ますが、自分の足でお腹を蹴って怪我や事故につながる心配も避けられます。

(4) 最低でも片道数百万円かかる馬の輸送

国際レースに出場する競走馬の場合は体調を気遣って、世話をするスタッフが同行します。輸送の契約条件や航空会社によっては獣医が専属で同行することがあります。帯同するスタッフは契約者の意向にもよりますが、1頭に1人の獣医が同行することもあります。旅客機で急病人が出た場合、客室乗務員が急病人の処置に従事することになります。人は客室乗務員の世話になり、馬は獣医に診てもらう。健康管理という意味では人間も馬も同じなのかもしれません。

機内食は海外旅行の楽しみの1つですが、競走馬の場合は、乗り物酔いで嘔吐しないように配慮して、「輸送中には飼葉をあげない」という馬主や航空会社が多いようです。ただし、水はいつでも飲めるように準備します。室温は、平均20度に設定するそうです。

競走馬の空の旅の費用は、いくらでしょうか。ホースストールの使い方や行き先によっても金額は変わってきますが、アメリカ―日本間で航空運賃、検疫費用、手続費用を考慮すると、総額で片道200～300万円（概算）くらいとのこと。超一流の海外の競走馬となると、丁寧な設備を特注で設けるために、数千万円単位になるということです。特製の機内食はないものの、最後に乗って最初に降りたり、獣医を帯同させたり、競走馬は特等席ならではのおもてなしを受けるのです。

(5) 入国時に免税を受ける競走馬

日本に輸入される商品には、基本的に関税がかけられています。しかし、国際レースに参加するために一時的に日本にやって来て、レース後に祖国に帰る競走馬は、「再輸出免税」という制度が適用され、関税が免除されて日本に入国します。東京モーターショーで出品するために世界各国からやってくる展示用自動車も、競走馬と同じ「再輸出免税」が適用されています。つまり、「再輸出することを前提にしているため、税金がかからない（免税）。ただし、関税分は免除されますが、消費税は通常通り支払う」ことになります（家畜用の牛馬などは帰国しないので、再輸出免税は適用されません）。

こうした競走馬や自動車は、事故や破損などがなければ「関税なし」で日本に入国できるのです。しかし、万が一事故があったときのことを考えて、保険をかけてから日本に来るのが一般的です。もちろん、東京モーターショーの車だけではなく、競走馬にも高額の保険がかけられます。1頭当たりの保険の額は、馬主の意向や馬によってまちまち。国際レースに出走する競走馬となると、馬の値段も高額なため、万が一に備えて保険金が数千万円になることもあるそうです。

(6) レースの調整をしながら、検疫を実施

競走馬が成田空港に着いたら、そのまま千葉にあるトレーニングセンターに向かいます。このトレーニングセンターに着いて、競走馬は初めて日本の土を踏むことになります。検疫の手続きで待ち時間を設けていたら、競走馬はトレーニングできずに体調を崩してしまいます。そのため、トレーニングセンターで検疫を行い、レースまでの空いた時間に体調を調整して、検疫検査の結果を待ちながら、レース当日までトレーニングを重ねるのです。

ジャパンカップのように大きな国際レースになると、トレーニングセンターには数カ国から競走馬が集まります。検疫期間中は、別の国の馬が互いに病気を伝染させないように、国ごとに時間帯を区切ってトレーニングします。コースや馬房（馬の部屋）、鞍などの馬具は使用前と使用後に、くまなく消毒します。作業員の身に着けた白衣や靴なども、競走馬の国ごとに着替えて消毒します。

世界各国の検査基準が一定でないこともあって、一度にすべての競走馬を同じ方法で検疫するのは難しい、という事情もあるようです。

（7）競走馬輸送の「不安」と「期待」

人間以上に丁寧な扱いで、日本にやって来る競走馬。でも、今後はさらにＶＩＰな扱いになりそうだと、関係者は不安に思っているようです。

なぜ不安かというと、1つは「動物輸送を取り扱う航空便の手配が難しくなる」ということです。現状でさえ、動物輸送を行っている航空会社は全世界で、両手で数えるほどしかありません。しかも、生体動物の輸送事業を縮小もしくは中止する航空会社が増えています。航空会社にしてみれば、生き物を運ぶのはリスクが高く、手間が掛かってしまうのでしょう。今後、航空会社が少なくなれば、競走馬の輸送費も高くなるかもしれませんし、輸送を断られてしまうかもしれないという心配もあります。

しかし、「不安」な話ばかりではなく、「期待」できる話もあります。中国で競馬が盛んになりそうな兆しが見え始めているそうです。そのため、日本から中国への競走馬の輸出が増えることが見込まれています。現段階では、中国国内で競走馬を繁殖したり育成したりする技術がないため、日本やアメリカなどの競走馬を中国に運んでいます。

だとすれば、「空を飛ぶ競走馬」は、これからも増えることでしょう。

〈ロジスティクス学②〉

国際物流の4つの要素

国際化の実態

競走馬の海外旅行は、国際間の輸送という意味で、グローバル化の縮図である。パスポートがわりのマイクロチップを製品番号、馬を運ぶコンテナを製品の梱包や包装、旅行保険を製品輸出入のための海上保険と考えれば、動物の国際間移動も、原材料・半製品・製品の輸出入と共通している。

われわれの身の回りの商品の生産地が外国と言うことは、もはや珍しくない。部屋着として年齢を問わず流行しているフリースは、日本で生産された原材料が中国に運ばれ、現地の工場で縫製されてから日本に輸入されてくる。東南アジアで生産されたエビが輸入されて、寿司ネタになることも多い。本格的なグローバル社会を迎えて、われわれの日常生活も国際化のなかにある。

国際物流の4つの要素

国際物流や、海外に工場や倉庫を建設するときには、市場、コスト、リスク、インフラの4つの項目を検討する必要がある。もちろん、日本国内ではリスクを考える機会は少ないし、インフラも整っていることが多い。しかし海外も含めて立地を考えるときには、4つを冷静に見極める必要がある。

第1の「市場」とは、進出する国やその周辺国での商品需要である。「国内市場」とは生産国内での市場規模であり、「海外市場」とは生産国からの輸出の市場規模である。当然のことながら、海外に工場を設けるときには、その国や周辺諸国に十分な市場がなければならない。市場があれば進出するし、市場がなくなれば撤退する例は多い。

第2の「コスト」とは、立地コストと生産コストと流通コストである。「立地コスト」は、土地代や建設費など工場建設のコストである。「生産コスト」は、機械の稼働費や労働者の給料など生産のためのコストである。「流通コスト」は、「商流コスト」（商取引に関わる受発注や支払いコスト）と、「物流コスト」（輸送・保管・流通加工・包装・荷役・情報のコスト）である。そして「輸送コスト」は、集荷・輸送・配送コストで構成されている。さらに「配送コスト」は、車両費・人件費・燃料費・保険費・高速道路費・管理費などとなる。

第3の「リスク」は、政治・経済・社会リスクである。「政治リスク」には、戦争・紛争・争議などがある。戦争中の国に工場を建設しないように、戦争や紛争の可能性の有無は重要な検討事項である。「経済リスク」とは、為替の変動により経営が安定しない場合や、貨幣流動が困難で資金の供給などが難し

図表1－5　国際物流の検討項目

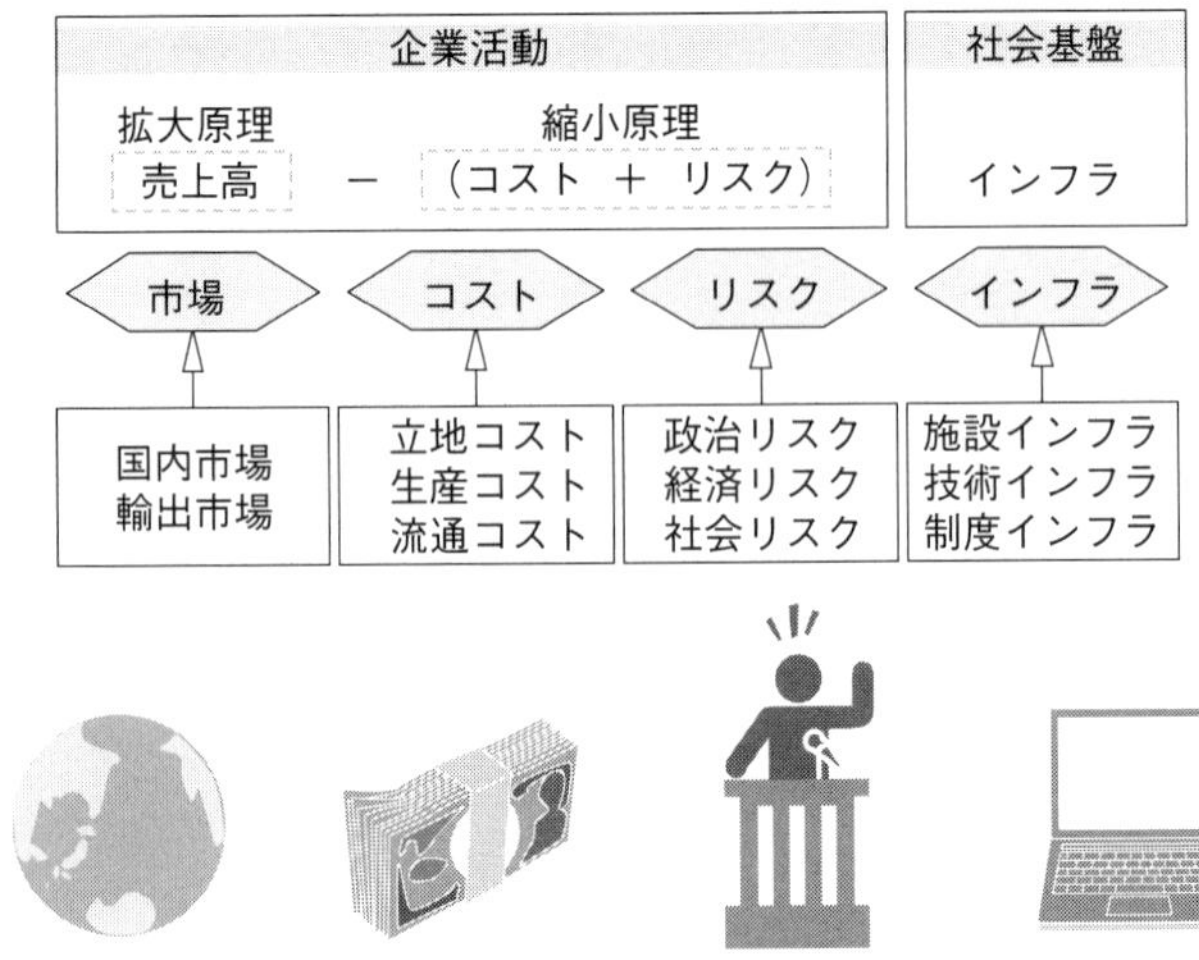

図表1－6　施設の立地を規定する4つの要因

市場

① **国内市場**
（当該国内で生産し、国内市場にだけ流通させること）

② **国際市場**
（当該国で生産し、外国の市場にも流通させること）

コスト

① **立地コスト・施設コスト**

② **生産コスト**
（人件費、原材料費、設備費、諸経費）

③ **流通・物流・輸送コスト**
（流通コスト＝物流コスト＋商取引コスト）
（物流コスト＝輸送＋保管＋流通加工＋包装＋荷役＋情報）
（輸送コスト＝集荷＋輸送＋配送）

リスク

① **政治リスク**
（戦争、紛争、争議、労使紛争）

② **経済リスク**
（為替リスク、契約問題・契約違反、労使紛争）

③ **社会リスク**
（カーゴミッシング・盗難・事故、病気、文化の違い）

インフラ

① **施設インフラ**
（道路、貨物者・貨車、港湾・空港・ターミナルなど）

② **技術インフラ**
（人材、輸送管理・貨物管理技術、情報ネットワーク・電力・上下水道）

③ **制度インフラ**
（規制と許可の基準、通関・検査・検疫システム、金融税制、公平性）

い場合である。「社会リスク」とは、紛争、為替変動・契約不履行、犯罪・事故、紛争、生活保全などである。実際に操業してから、盗難やカーゴミッシング（貨物の紛失）や停電・交通事故など、業務上でも大きな影響を受けることがある。最近の例では、従業員のストや不買運動などがあったり、セクハラ問題で工場長が訴えられた例もあった（図表1―5、6）。

ロジスティクスのインフラの重要性

サッカーにグラウンドが必要なように、ロジスティクスにもインフラという名のグラウンドが必要である。グラウンドが良いほど、素晴らしいサッカープレーが生まれるように、ロジスティクスはインフラの良し悪しに大きく影響される。

第4の「インフラ」には、施設インフラ、技術インフラ、制度インフラの3つがある。

「施設インフラ」には、ハードとソフトがある。ハードとは、リンク（交通路：道路、航路など）、ノード（交通機関：貨物自動車、船舶など）、ノード（交通結節点：工場、倉庫、港湾など）などの建造物である。ソフトとは施設を効率的に利用するための交通規制や土地利用規制である。港や道路などの施設インフラが整っていたとしても、需要がなければ貨物や商品が集まるわけではない。しかし需要が生じたときに道路が未整備であれば、運びたくても運べない。

「技術インフラ」には、人材・管理・情報・資源の4つがある。「人材」とは、公共部門では、手続き遂行能力、不正防止・公平性、法令遵守などである。また民間部門では、技術力、勤労意欲、改善意識、機密保持などである。これらは、教育水準、国民性、言語・宗教・民族に大きく影響され、国ごとに異なることが多い。「管理」とは、受発注・生産・在庫・

作業管理技術、輸送管理・貨物管理技術の普及の程度、パレットやコンテナの使用実態、冷蔵・冷凍技術などである。日本国内での高度な管理技術が、直ちに輸出入相手国に適用できるとは限らないから、その国の実情を正確に把握しておくべきであり、ときには技術の移転や教育も必要となる。「情報」とは、ハードとしての情報通信施設や機器と、ソフトとして伝票ラベルの統一、管理データの収集分析、データ標準化・規格化・共有化、コード共通化、情報利用のルールなどがある。在庫削減や輸送効率化だけでなく、作業指示や荷役効率化も含め、さまざまな場面でスムーズな情報伝達が必要である。「資源」は、電力、電話、上下水・工業用水などである。停電がしばしば起きたり、十分な上水が供給できなければ、想定していた操業率や生産性も確保できない。

「制度インフラ」には、法制度とリスクがある。「法制度」は、規制と許可、通関・検査・検疫、金融税制などである。ロジスティクスの競争が同じ土俵の共通したルールのもとで行われれば、公平な競争になる。しかし同一の法制度のもとでさえ、ハンディキャップが付けられていたり、急に運用方法が変更されることもある。

競走馬の輸入の特徴

ここで紹介した「競走馬の輸入」は、国際物流のなかでも特殊な例であるが、それでも、国際物流を4つの検討項目（市場、コスト、リスク、インフラ）から、特徴を明らかにできる。

市場は、競走馬のレースがある国に限られる。競馬が開催されている国々で、それも懸賞金の大きいレースでなければ、外国を旅することはないはずだ。つまり需要（市場）があるからこそ、競走馬も飛行機に乗って旅するのである。

次にコストは、われわれ人間の旅行以上に高い。

高級な馬になると、日本とアメリカを旅するだけで、何百万円にもなると言うから、人間のファーストクラス以上である。しかし、普通の人間とは稼ぎの額も桁違いなのだから仕方ない。

リスクについては、大きな問題だ。競走馬が生き物であるからこそ、輸送途中での事故や怪我に備えて獣医師が付き添うように、万全を期すのである。もちろんリスクに備えて、保険もかけなければならない。

そして、インフラが整っていなければ、競走馬は旅することができない。施設について言えば、検疫施設が整い、他の馬と別に運動のできる施設があれば、病気にかかることもないし体調の回復も早い。技術については、検疫の管理の技術が高いほど安心である。制度については、通関・検査・検疫の制度が整っている必要がある。

競走馬の輸送は特殊な物流であるが、それでも国際物流の原則にかなっているのである。

3　国際貨物の玄関口、羽田と那覇のハブ空港

(1) アジア向けに、安全迅速な積み替え

２０１０年（平成22年）10月にオープンした羽田空港の国際線ターミナル。新しくできた羽田空港国際線旅客ターミナルや駐機場、貨物ターミナルがある地区は「新国際地区」と呼ばれています。三角の形をした新国際地区のなかには、国際貨物を取り扱う「新国際貨物地区」（敷地面積約17万㎡）があります。今回は、全日本空輸（ＡＮＡ）の協力をいただき、国際線貨物の主要拠点となっている羽田空港と那覇空港について伺いました。

羽田空港に国際線が到着して、貨物を国内線に積み替えて出発する接続時間は最短75分（取材時）。他の物流事業者を介さずにＡＮＡが責任を持って迅速に貨物を運ぶことが、強みにもなっているそうです。国際貨物を取り扱うためには、万全のセキュリティーが必要となります。管理の一環として、羽田の国際貨物地区の入場ゲートは非常に厳しく管理されています。

国際貨物地区の上屋《うわや》（貨物を一時保管する施設）に行くためのゲートは、３つあります。３つの入場ゲートでは、トラックとドライバーが検問を受けます。特に第１入場ゲートのチェックは厳しく、事前に登録されているトラックの車両番号とドライバー、貨物の受け取り先、受け取り予定時刻などのすべてが照合しないと、トラックは入場できません。

セキュリティーがしっかりしているのは、入場ゲートだけではありません。ANAが郵便物や貴重品をトラック輸送する場合、コンテナに封をして輸送します。また、SE（システムエンジニア）が24時間常駐し、貨物情報が集まる機械のメンテナンスができる体制を取っています。

(2) 安定した輸送に欠かせない定時運航

ANAが羽田空港で搬出入する航空貨物の多くは、旅客機の貨物室を利用して貨物を運ぶ「べリー便」で運びます。羽田を利用する「フレイター（貨物機）」は、沖縄、関西、佐賀、札幌の4路線です。羽田への到着便は深夜から早朝にかけてのみで、昼間に到着する便はありません。これは、羽田空港が日中は旅客便が集中していることと、昼間の時間帯の国際貨物便運航が現在は認められていないためです。フレイターの出発便は、深夜の約1時間の内に3便出発するように、出発時刻が集中したダイヤになっています。

特に羽田―沖縄便は、定時運航を心掛けているそうです。なぜ、羽田―沖縄便で定時運航を心掛けるかというと、ほとんどが沖縄を経由して海外向けの貨物となるからです。ハブ空港として機能する沖縄空港からは、主にソウル、上海、香港、台北、バンコクなどへ輸送しています。もし、羽田―沖縄便が遅延すれば、沖縄から海外に向かうフレイターも遅延しかねません。安定した輸送のためにも、安全に、かつ時間通りに運ぶことが日々求められています。

（3）沖縄に集まるフレイター

沖縄では、那覇空港を貨物のハブ空港として、アジア向けに貨物専用便を飛ばしています。ハブとは、車輪の中心のことで、ハブから車輪を結ぶものをスポークと言います。つまり、ハブ空港とは、航空路のネットワークの中心になる空港です。

航空機に限らず、鉄道や自動車も、一番都合がいいのは出発地と目的地が直行便で結ばれていることです。しかし、アジアすべての空港を直行便でつなげば膨大な数の航空機が必要となってしまいます。そこでアジア各都市への乗り継ぎのための拠点空港を設け、そこと全アジアを空路で結んで、その空港で積み替えてもらおうというものです。

ＡＮＡは、国内とアジアの主要都市を4時間圏内で結ぶことができる沖縄の地理的優位性に加えて、那覇空港が24時間運用できることを利用して、航空貨物を「最遅集荷」・「最速配達」で届けようと考えました。つまり、那覇空港をハブ空港として、成田、羽田、関西の国内3空港と、ソウル（仁川）、上海（浦東）、香港、台北、バンコクのアジア5空港の計8都市を結んでいるのです。

那覇をハブとしたフレイターの運行ダイヤは、次頁のとおりです（図表1―7）。8都市を飛び立った貨物専用機が深夜に那覇空港に集まります。那覇空港に到着した貨物は、行き先別に仕分けてから、それぞれのフレイターに積み替えて、早朝に那覇空港を出発。現地の早朝から遅くても午前9時前までには、各都市に貨物が到着する仕組みです。

旅客ターミナルの跡地を生かして、那覇空港のＡＮＡ貨物ターミナル地区が完成し、２００９年

図表１－７　貨物ハブネットワークの運航ダイヤ

2010/11/25 現在
注）月～土曜のみの運航

出発地	発時刻	着時刻		発時刻	着時刻	到着地
羽田	2400	0240	沖縄	0450	0700	羽田
成田	2230	0140	沖縄	0530	0750	成田
関西	2405	0220	沖縄	0605	0750	関西
上海	2440	0345	沖縄	0340	0455	上海
香港	2410	0330	沖縄	0515	0655	香港
台北	2315	0140	沖縄	0615	0655	台北
ソウル	2350	0150	沖縄	0505	0725	ソウル
バンコク	2100	0310	沖縄	0600	0845	バンコク

資料提供：ＡＮＡ

（平成21年）10月26日にオープンしました。那覇空港は、昼間は旅客機でにぎわっていますが、夜はフレイターが独占している状態です。しかも貨物の9割以上は、時間のロスをなくすために飛行機間で積み替えます。上屋に入ってくる貨物は全体の１割程度です。

（4）航空貨物に使用されるコンテナ

貨物ハブを利用すると、日本各地やアジア各都市からフレイターが沖縄にやってきて、深夜に短時間で貨物を積み替えなければなりません。この積み替えを容易にするために、航空コンテナが使用されています。このとき航空コンテナごとに積み替えられるので、できれば貨物ハブネットワークでは同じ機種の航空機が望ましいのです。ＡＮＡは、B767-300 FREIGHTER（最大積載容量４１３㎥、最大積載重量67ｔ）

を使用しています（写真1）。

航空貨物に利用されている航空コンテナは、ＵＬＤ（Unit Load Device）と呼ばれています（写真2）。航空機は基本的に円筒型の胴体なので、コンテナも直方体のものは少なく、直方体の上部の一部が切り取られたような、特殊な形状のコンテナを使います。また貨物によっては、航空貨物専用の鉄製の板（パレット）に載せて、荷崩れしないようにビニールで覆って運ぶこともあります。コンテナの寸法は、貨物搭載スペースを最大限有効に利用できるように決められていて、その規格は、ＩＡＴＡ（国際航空運送協会）で定められています。那覇空港の通関エリアでは、複数仕向地に混在して積まれてきたコンテナを、次の目的地別の航空機に仕分けします（写真3）。

(5) 旅客のハブ空港は羽田と成田、貨物は那覇へ

ＡＮＡは、旅客のハブ空港を国内線では羽田空港（那覇空港は羽田に次ぐネットワークを有しています）、国際線では成田空港と考えています。これは他の空港に比べて多くの発着枠・滑走路を持ち、日本全国または全世界に空路を持っている空港だからです。

一方で貨物については、国際線貨物の中継点を那覇空港に、国内貨物の集積地を羽田空港にと考えています。そして沖縄を貨物のハブ空港とすることで、国内とアジア各都市とも、夕方の遅い集荷と朝早くからの配達が可能になりました。便利な生活の背景には、貨物のハブ空港の24時間稼働も、大きく貢献しているようです。

写真１　貨物専用のフレイター（B767-300 FREIGHTER）

写真提供：ＡＮＡ

写真２　冷凍マグロを入れたULD（航空コンテナ）

写真３　那覇空港の通関エリア、空港職員が ULD から荷物を荷おろししている様子

〈ロジスティクス学③〉

国際航空貨物とハブ空港

空港の国際化論

生産工場の海外移転や海外からの製品輸入により、ロジスティクスもグローバル化が進んでいる。このため東京国際空港（羽田空港）でも、運営が24時間化された以降、国際貨物の取り扱い量が増えている。また同じく24時間化されている那覇国際空港（那覇空港）では、発着時刻に融通が利くことから「沖縄貨物ハブネットワーク」が形成された。

「貨物ハブ」とは、車輪の軸のように、1つの空港を中心に貨物輸送する方法である。ANAは、那覇空港をハブとして沖縄貨物ハブネットワークを形成し、成田・羽田・関西の国内の3つの空港と、ソウル・上海・香港・台北・バンコクのアジアの5つの空港を結んでいる。貨物を載せた航空機は、21～24時台にアジアと日本の空港を出発する。深夜に那覇空港で積み替えてから再び各空港に向けて出発し、翌朝4～8時台に到着する。

貨物ハブネットワークのデメリット

貨物ハブネットワークには、メリットとデメリットがあるが、まずデメリットは以下のようにまとめることができる。

第1に、ハブ空港を経由すると、貨物に積み替え（荷役）が必要となる。短時間のうちに、方面別に貨物を航空機に載せ替えることは大仕事である。

第2に、ハブ空港で人手や管理運営の負担が大きくなる。つまり、多くの航空機が同一時間帯に集中すれば、着陸でも離陸でも混雑が生じることになる。また、貨物の積み替えのために貨物機が集中する時間帯には多くの人手が必要になるが、この時間帯を過ぎれば人員が余ってしまう。

第3に、ハブ空港を経由することで、最短距離で直行するよりも運航距離が長くなることである。距離が長くなる分、燃料消費が増え勤務時間も長くなる。

具体的に運航距離の違いを確かめるために、直行便の旅客機の貨物室で運ぶ場合と、沖縄のハブ空港経由の貨物便を比較してみると次のようになる。

たとえば成田―上海間は、直行便では1111マイルだが、中継便では、羽田―沖縄間（984マイル）と沖縄―上海間（504マイル）の合計で1488マイルとなる。成田―バンコク間は、直行便では2869マイルだが、中継便では、羽田―沖縄間（984マイル）と沖縄―バンコク間（1952マイル）の合計で2936マイルとなる。どちらも飛行距離は増えているが、バンコク便の増加量が少ない。これは成田―バンコクを結ぶ航空路が沖縄上空付近を通過するからである。そして最も飛行距離が増加するのは、直行便と中継便の航路でほぼ正三角形を描いている成田―ソウル間である。直行便では758マイルだが、中継便では、羽田―沖縄間（984マイル）と沖縄―ソウル間（785マイル）の合計で1769マイルとなる。

貨物ハブネットワークのメリット

次にメリットは、以下がある。

第1に、最大の利点は積載率の向上である。たとえば貨物ハブネットワークを利用すると、上海発沖縄行きの便には、沖縄行きの貨物だけでなく、沖縄で積み替えてバンコクや羽田などに向かう貨物も載せることができる。このように、多くの行き先の貨物を詰め合わせることで、上海―沖縄便の積載率を上げることができる。もちろん、1つの行き先で航空機に満載になるほどの貨物があるならば、ハブ空港に寄り道せずに直行したほうが良い。しかし満載にならないときには、各方面の貨物を集めて満載にして、ハブ空港で積み替えていく方が、行き先ごとに飛行機を用意しなくて済むので、効率的なのである。

第2に、沖縄のハブ空港で深夜の同じ時間帯に積み替えることで、各地の空港を夕方から夜に出発でき、沖縄で24時間通関可能なので通関後に積み替えて、翌朝に各地の空港に到着できる。このため、夕方遅くまで集荷でき、しかも翌朝早くから配送できる。

この集荷と配送に関するメリットを、成田空港と那覇空港を比較しながら、具体的に示してみよう。

成田空港は24時間空港ではないために、深夜は発着できない。このため、成田から上海の直行便は、9時頃から20時頃の7便であり、始発は09：40発12：10着、終発は20：10発22：45着である。

図表1－8　各地からの貨物が積み替えられる沖縄ハブ

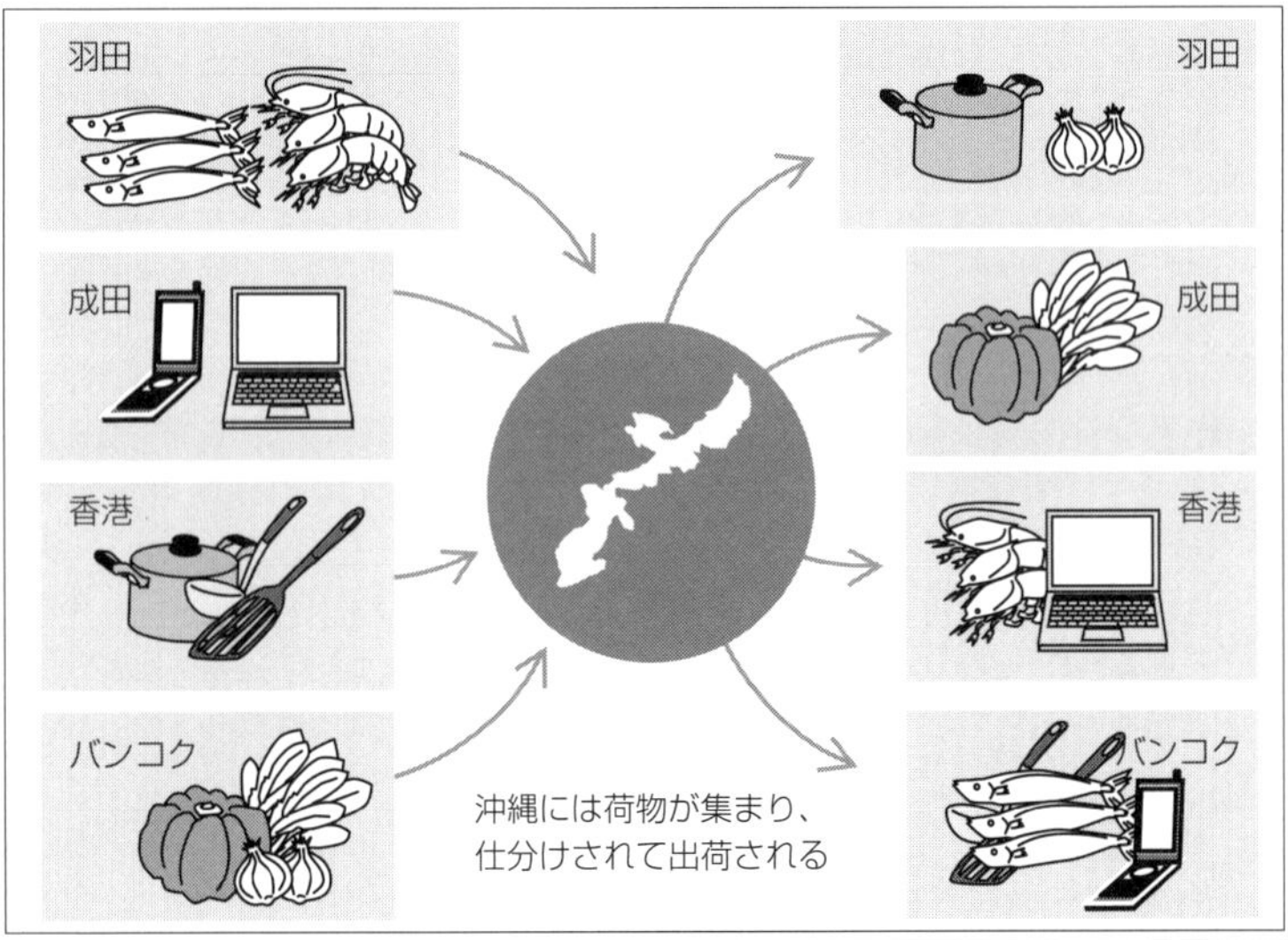

一方の沖縄経由のフレイターは、成田22：30発沖縄着01：40着、沖縄発03：40発上海着04：55着となる。成田発のフレイターの出発時刻（22：30）は、成田発旅客最終便の出発時刻（20：10）より2時間20分遅く、しかも到着時刻（04：55）は成田発始発便の到着時刻（12：10）よりも、約7時間早い。

つまり、フレイターで那覇を経由するのであれば、日本国内で遅くに出荷した貨物でも、翌日の午前中にはアジアの各都市に配達可能なのである。逆に、アジアの各都市で夕方までに集荷した貨物が、翌日午前中に日本各地で配送することが可能になっている。

貨物ハブネットワークと夜行便の競争

24時間化した空港で、夜間便が増えると、貨物ハブネットワークのメリットが小さくなる。

たとえば、夜行のバンコク便（羽田00：30発バンコク06：00着、関西00：30発バンコク05：00着）は、沖縄を経由するフレイターの出発時刻（羽田24：00発、関西発24：05発で、バンコク発08：45着）とほぼ同時刻に出発する。つまり直行便の貨物室で十分なスペースの確保ができれば、あえて沖縄経由の中継便は利用するメリットは少ない。

もっとも、貨物はハブ空港に寄り道して飛行距離が延びても、クレームを言うことはないから、翌日の午前中に配達するというのであれば、旅客機の直行便とフレイターの中継便のどちらも利用可能なのである。

第2章　ためる（保管）

1　年末年始だけではない年賀状の物流

(1) 元日に1人平均15枚届く年賀状

旧暦で1月のことを「睦月《むつき》」と言いますが、これは「親類や知人が一堂に会してあいさつする、仲睦まじくする月。睦《むつ》び月《つき》」からきたという説があるそうです。〝年始のごあいさつ〟の歴史は、いつからあると思いますか？　日本では奈良時代から、新年を祝った年賀の風習があったとされています。最近では携帯電話やメールで新年のあいさつをする人も増えていますが、お正月のあいさつに欠かせないものといえば、やはり年賀状ではないでしょうか。

日本で「郵便はがき」が発売されたのが、１８７３年（明治6年）。それ以来、はがきの安さと便利さが定着して、約30年後の１９０５年（明治38年）には、全国に「年賀状」を配達するシステム（年賀特別郵便の取扱）が確立しました。

買い求めてから投函するまでは「年賀はがき」。年賀はがきを配達して送り主に届くと「年賀状」というのですから、日本語とは繊細な言い回しをするものです（ここでは「年賀はがき」に統一します）。日本郵政のグループ会社である日本郵便（郵便事業株式会社）が２０１２年（平成24年）用に発行した年賀はがきは、36億７０００万枚。平成24年元日に配達された年賀状は、19億３０００万枚。つまり、元日に届く年賀状は、日本人１人当たりにつき約15枚届く計算になります。

郵便物全体でも年賀はがきの取扱量は約14％（平成22年度）。それほど、日本人になじみの深い国民的行事の1つなのです。

年賀はがきの話を聞くために、渋谷支店を訪問しました。渋谷支店では、通常1人の郵便配達員が1日に取り扱う郵便物は平均して1500通だそうです。ところが、年賀はがきの平均配達枚数は、元日だけでも約2万通。取扱数だけでも通常の13倍以上になります。

年賀はがきが元日に配達される世帯数は、全国で3千数百万世帯です。そして日本全国で、元日のほぼ同じ時刻に年賀はがきを配達するために、約14万人のアルバイトが全国3600カ所にある支店や集配センターなどで仕分けや配達などの作業に従事することになります。これほど忙しくなるのですから、年賀はがきの配達に混乱を生じないため、1年を通じて綿密に計画を立てています。

(2) 1年を通じて作られる年賀はがき

私たちが年賀はがきというと〝年末年始のもの〟としか思い浮かびませんが、実は、年が明けて春になって…という時期から、年賀はがきの製作は始まっています。日本郵便には、年賀はがき製作に携わる専門のスタッフがいます。年賀はがきの担当者は、年末年始だけではなく、1年を通して年賀はがきと向き合っているのです。私たちは11月中旬から翌年の1月中旬の3カ月間しか見かけない年賀はがきですが、製作スタッフは、発行した翌月（12月）には「次年度のデザインはどういうものがいいか」「イラスト入りの年賀はがきはどのイラストレーターに依頼するか」「何枚くらい発行したらよいか」といった内容を検討しています（図表2―1）。4月には印刷が始まり、約半年をかけて印刷されます。10月になると各支店、郵便局に順次納入され、11月には発売されます。年が変わり年度が変わり、ゴールデンウィークを迎えるころには本格的に作業が進んでいる年賀はがき。来年に向けた作業が今、着々と進んでいます。

年賀はがきをどのくらい発行するかは、前年の売上総数や景気、どういうデザインが売れそうかといった情報を反映しながら日本郵便が発行枚数を決めます。年賀はがきの売れ行きは、年度やデザインによって変わります。そのため、どんなにベテランの年賀はがき製作に携わる人でも、需要予測は難しいそうです。

近年、新商品として発行した年賀状に2種類の色味を付けた「いろどり年賀」というものがあります。いろどり年賀はうぐいす色と、もも色の2種類用意しました。すると、予想をはるかに超えて売れました。当初はそれぞれ750万枚発行していましたが、すぐに売り切れてしまい、追加して6000万枚ずつ、2種類合計で1億3500万枚を発行することになりました。それでも売り切れる地域があったくらい大好評を博し、以来、年賀状の定番になっています。

(3) 曜日の巡り合わせで変わる局内の繁忙期

年賀はがきが印刷されてから消費者が購入するまでを見てみましょう。1枚50円の年賀はがきは、切手にも相当します。そのため、万全なセキュリティー対策が必要です。紛失や印刷ミスがあって

図表2－1　年賀はがき作成の年間スケジュール

11月	翌年用年賀はがき発売
12月	翌々年の年賀はがきの企画開始
1月	年賀はがきの利用実態調査（市場調査）実施
2月	市場調査等を踏まえて商品企画（デザイン、お年玉商品、発行枚数等）
3～4月	次年度の発行券種、発行枚数等を策定
4月	印刷開始（～10月）
5月	広告方針決定
6月	お年玉商品決定
8月	報道発表
10月	各支店・郵便局へ納入開始
11月	年賀はがき発売

もいけないので、年賀はがきの管理のために商品管理番号が必要になります。一般の商品には製造番号やバーコードが付いていますが、年賀はがきにバーコードは付いていません。かわりに、年賀はがきに付いている「お年玉抽選番号」が、販売される前に製造番号として活用されます。私たちにとってお年玉の抽選番号は、くじ引きの番号でしかありませんが、この抽選番号こそが製造段階で商品管理の履歴を把握できるID番号になっているのです。年賀はがきが、どの工場でいつ印刷されたかなど、重要な情報はこの番号で管理され、履歴をたどると一目で分かるようになっています。

お年玉付き郵便はがきが初めて販売されたのは1949年（昭和24年）ですが、それ以来、お年玉付き年賀はがきは売上拡大に貢献するだけではなく、抽選番号が年賀はがきの製造管理に役立つツールとして、今も使われているのです。

年賀はがきの投函のピークは、例年12月25日辺りが多いようです。12月15日から12月25日ごろまでの年賀状の毎年の投函数はじわじわ増えて、休みの翌日に飛び出る傾向のようです。つまり、「12月後半の土日や祝日を利用して年賀状を書き、翌日にポストに投函している」ということになります。このため、12月25日前後から、機械も人もフル稼働になってしまうのです。

（4）年賀はがき専用に割り当てられる機械と空間

通常、支店に到着した郵便物は、すぐに受取人に届けるのが一般的です。しかし、年賀状は違います。前述のとおり、12月15日から年賀状の投函を開始し、31日まで配達先の支店で保管していきます。

まず、地元のポストに出した年賀状は、地域の支店に集められます。さらに、「集中処理支店」と呼ばれる年賀状を集中処理する支店に集められ、集中処理支店で機械を使って行き先が振り分けられます。配達先が近場なら、そのまま配達先の支店や集配センターに送られます。遠方の場合は、集中処理支店よりもさらに規模が大きく、地域間の郵便物輸送を専門とする「統括支店」を経由して、支店や集配センターに送付します（図表2―2）。

年賀はがきに限らず通常はがきも、投函されたらすぐに、どこの住所に配達すべきかを情報管理します。このとき活躍するのが、郵便番号別に配達先を振り分ける「新型区分機」です（写真1）。

図表2－2　年賀状の集配オペレーション～フロー図～

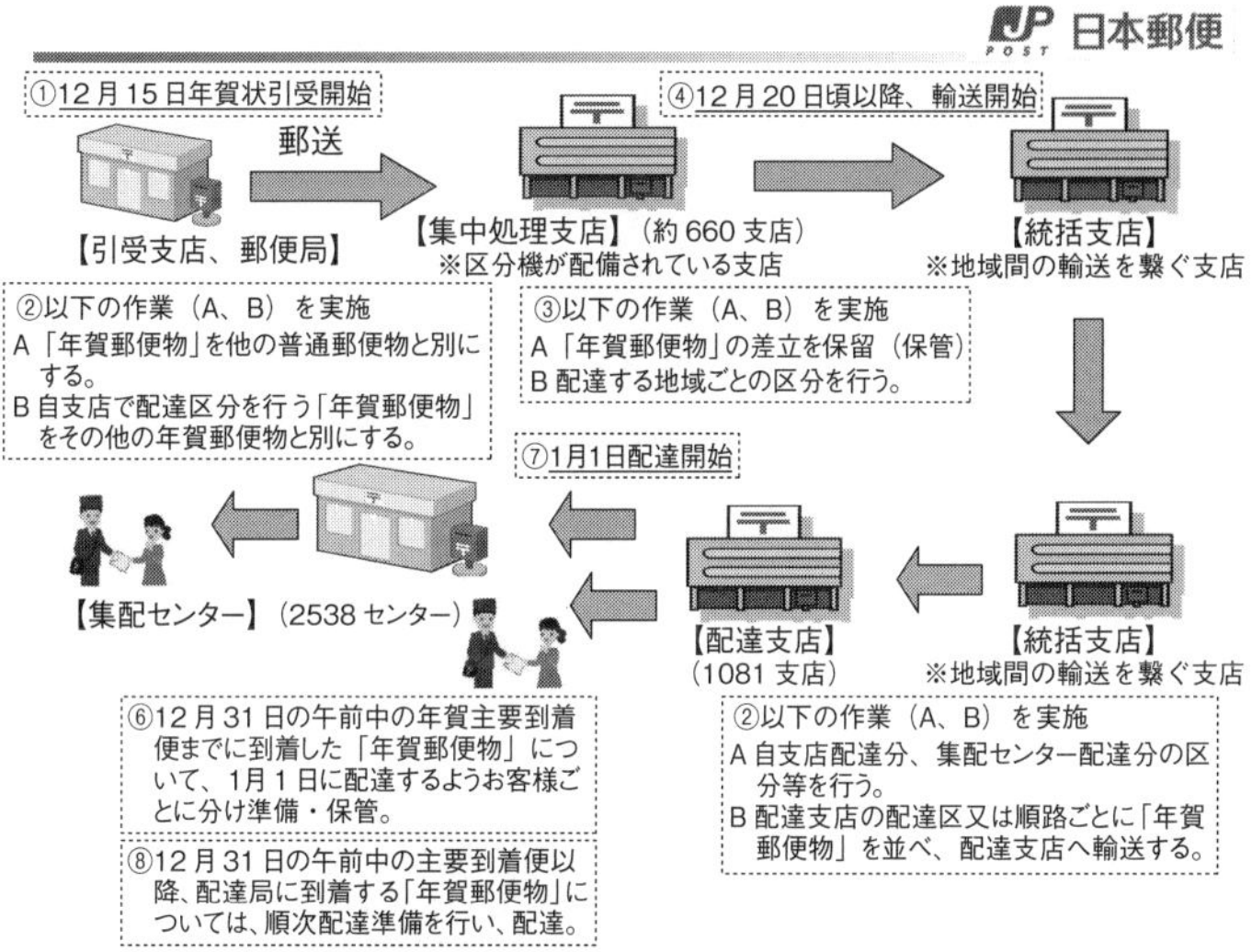
日本郵便
①12月15日年賀状引受開始
郵送
【引受支店、郵便局】
【集中処理支店】（約660支店）
※区分機が配備されている支店
④12月20日頃以降、輸送開始
【統括支店】
※地域間の輸送を繋ぐ支店
②以下の作業（A、B）を実施
A「年賀郵便物」を他の普通郵便物と別にする。
B自支店で配達区分を行う「年賀郵便物」をその他の年賀郵便物と別にする。
③以下の作業（A、B）を実施
A「年賀郵便物」の差立を保留（保管）
B配達する地域ごとの区分を行う。
⑦1月1日配達開始
【集配センター】（2538センター）
【配達支店】
（1081支店）
【統括支店】
※地域間の輸送を繋ぐ支店
⑥12月31日の午前中の年賀主要到着便までに到着した「年賀郵便物」について、1月1日に配達するようお客様ごとに分け準備・保管。
⑧12月31日の午前中の主要到着便以降、配達局に到着する「年賀郵便物」については、順次配達準備を行い、配達。
②以下の作業（A、B）を実施
A自支店配達分、集配センター配達分の区分等を行う。
B配達支店の配達区又は順路ごとに「年賀郵便物」を並べ、配達支店へ輸送する。

資料提供：日本郵便

この機械は、郵便番号別に振り分けるだけだと1時間に約5万通を処理することができます。さらに驚くことに、この機械は住所の文字を読み取り、何丁目の何番地何号、さらにマンション名の何号室かまでといった情報を、はがきにバーコード形式で書き込むことができます。はがきの住所が書かれた辺りをよく見ると、透明のバーコードが見えます（写真2）。このバーコードによって、宛先への仕分け作業時間を大幅に短縮できるのです。住所情報のバーコード印刷の処理速度は、1時間に約3万通。1秒間に8枚以上のはがきの住所を読み取った上で、配達先ごとに振り分けています。

次に「新型区分機」が読み取れなかった郵便番号や住所は、「VCS（Video Coding System）」という機械を使って、人が手入力

写真１　新型区分機
郵便番号を識別して仕分けができる「新型区分機」

写真２　はがきに印字される透明のバーコード
「新型区分機」では、透明のバーコードを印字できる。バーコードには、住所、番地、マンション名などの詳細な情報が入れられ、迅速な機械処理に対応する

写真３　ＶＣＳ（Video Coding System）
「新型区分機」で郵便番号が読み取れなかった年賀状は、「ＶＣＳ」を利用して、人が解読。手作業で郵便番号の情報を年賀状に入力していく

ではがきに数字や文字を新型区分機に読み取らせます（写真3）。機械で読めない部分は、人の目に頼ることになります。入力作業は、普通の速さで1時間に1500〜1600通（2・4秒／通）が標準と言われていて、速い人だと約2倍の3000通（1・2秒／通）を入力します。

「新型区分機」も「VCS」も、郵便物の仕分け作業で日ごろから使っている機械ですが、年賀状を取り扱う季節になると〝専用に1台。ここが仕分け作業のエリア〟といったように機械や部屋を割り当てて、仕分け作業に当たります。

（5）独自のケースで世帯ごとに保管

年賀はがきは、配達先に一番近い支店や集配センターに事前に届けられます。そこでは、確認作業や機械で判別できなかった年賀状を世帯ごとに仕分けし、そろえます。大晦日まで、ひたすらその作業を繰り返して、元日の朝に一斉に配るのです。

思わず、「そんな大量の年賀はがきを取り扱ったり保管したりするスペースが、支店のどこにあるの？」と聞きたくなるのですが、ちゃんとあるのです。もちろん年賀はがきを取り扱うシーズンには会議室なども臨時保管場所として使っています。年賀はがきは、本棚のような段ボール製の仕切りを使って、世帯ごとにまとめて保管します（写真4）。

年賀状として家に届けられると、多くの人が、懐かしい友人の近況を確かめながら、心穏やかに新年を過ごすことになります。そして2週間後のお楽しみが、お年玉当選番号の発表です。年賀は

写真４　年賀状を世帯別に保管する棚
専用の仕切りを使って配達する人が年賀状を順番に並べる

がきの製造から販売までの間に商品管理番号として活躍したお年玉抽選番号が、１月中旬になって「お年玉くじ」という役割を果たすと、年賀はがきの専門の部署の人たちが来年の案を本格的に練り始める季節になり、歳月が遷り変わっていきます。

〈ロジスティクス学④〉

商品特性と商品管理

商品特性を示す3Tと元日配達

ロジスティクスからみた商品特性を、3T（時間、温度、耐性＝Time, Temperature, Tolerance）で表現することがある。時間は、配達時刻指定の有無や賞味期限の長短である。温度は、保管温度の違いである。アイスクリームのような冷凍商品と、ポテトチップのような常温の商品では、温度ごとに輸送保管しなければならない。耐性とは、重量物や生鮮品や割れ物などのように、商品によって異なる耐久性や壊れやすさである。

年賀状を3Tから考えてみると、時間は、元日配達という時間指定。温度は、常温での保管と輸送。耐性では、軽いが水濡れ注意ということになる（図表2―3）。

図表2－3　商品特性を示す3T

時間（Time
到着時刻、輸送時間、賞味期限・消費期限など
温度（Temperature）
常温、チルド（4℃）、冷蔵（－4℃）、冷凍（－20℃）など
耐性（Tolerance）
割れ物・腐り物、ぬれ物、重量物・長尺物、美術品・骨董品、危険物、劇薬・毒薬、生体・活魚など

次に輸送と保管からみた年賀状の特徴は、大晦日の数日前までに投函された年賀状を、元日という指定日に配達することである。つまり、大晦日までは、ひたすら年賀状を保管しておかなければならない。

保管の原則と年賀状の保管

商品を保管するときは、3つの管理（入庫管理、在庫管理、出庫管理）がある。倉庫に入るとき（入庫）、保管中のとき（在庫）、配送のために倉庫から出るとき（出庫）の3つの時点で、商品の数量・品質・位置を把握するものである。

このとき、いくつかの原則がある（図表2―4）。

第1は、A・B・Cという品目別の「在庫場所の原則」である。取扱商品のうち、もっとも売れている商品から順番に並べてみると、品目数で2割の商品が、売り上げ全体の8割を占めることが多い。これを、A品目と呼ぶ。次に売り上げ全体の95％まで

図表2－4　在庫管理の原則

在庫場所の原則

A品目（売れ筋商品）を出入り口に近く
B品目（中間商品）は、中間に
C品目（死に筋商品）は奥に

先入れ先出しの原則

先に倉庫に入った商品から、先に搬出すること
商品の品質管理の向上

在庫削減の原則

商品の品質管理の向上
在庫費用の削減

を占める品目となると、A品目にB品目が加わる。AとB以外は、ほとんど売れないC品目である。ほとんど売れないC品目だから、倉庫に保管するときも奥の方でよい。逆に、A品目を倉庫で保管するときには、出し入れしやすいように出入り口に近く置くことが原則である。しかし年賀状は、出し入れがそれぞれ一回なのだから、配達先の支店で、各世帯の住所ごとに、配達ルートに沿って棚に収められる。

第2は、「先入れ先出しの原則」である。先入れ先出しとは、先に倉庫に入った商品から先に搬出することである。家庭の冷蔵庫で考えると、同じ牛乳でも賞味期限が短い牛乳から先に飲むことと同じである。しかし年賀状は、12月初めから投函されるので入庫時期はバラバラであるが、出庫は大量の年賀状を一斉に配達する元日である。このために、先入れ先出しの原則は通用しない。

第3は、「在庫削減の原則」である。つまり在庫量を少なくすれば、あわせて在庫費用も削減できる。これは冷蔵庫に不要な食品を入れなければ、小さな冷蔵庫で済み電気代もかからないことと同じである。しかし年賀状に限れば、在庫が増えることは売り上げ増加そのものであるから、歓迎すべきことである。

こうして各世帯の住所ごとに、元日まで年賀状を在庫しておくのである。

お年玉抽選番号による商品管理

どのような商品にも、製造番号が付いている。テレビにも、自動車にも付いている。この番号の役割は、不良品が出たとき、いつどの工場で生産されたかが直ちに分かるためである。

すでに本文でも述べているが、年賀状としてポストに投函される前は年賀はがきで、投函されてから元日に配達されるまでが年賀状であるが、年賀はがきにも製造番号がある。お年玉抽選番号が製造番号を兼ねているため、この番号により、いつどの工場で製造されたかが分かる。この番号によって、製造時期、製造場所が分かるのである。

2　眠らない病院を支える病院内の物流

（1）さまざまな物資が集まる病院

病院という施設は、24時間、老若男女が訪れる場所。救急で駆け込む人にとっては、一分一秒が命に影響し、医師の処置が命に直結する、〝戦場〟とも言えるかもしれません。

「病院ってなに？」と聞かれれば、誰もが「通院したり入院して、病気やけがを治すところ」と答えることでしょう。「病院で働く人は？」と聞かれれば、「お医者さんと看護師さん」と答えることでしょう。このとき、「医薬品を準備する薬剤師さん、病院事務の事務員」と答える人もいるかもしれません。どれもこれも間違いではないのですが、この人たちだけでは診察や治療はできません。「手術のための機器を整備する人」、「包帯などの処置で必要な物品を準備する人」がいなければなりません。そして、薬品倉庫や包帯を保管しておく部屋も必要であれば、入院患者の食事を用意する管理栄養士や調理師もいないと困ります。

いろいろな施設や企業に、作業の効率化を図ったり、バックヤードを支えたりするロジスティクスの部署が存在するように、病院にも病院内のロジスティクスを支える組織があります。ここでは、東京大学医学部附属病院（東大病院）のロジスティクスを見てみましょう。

(2) 東大病院に運ばれてくるもの

東大病院の場合、入院患者約1000人、外来患者3000〜4000人、医師や看護師、職員などのスタッフ約3500人。それ以外にも見舞客や仕事で訪れる人もいます。合計で8000人以上もの人が、毎日やって来るのですから、小さな町のようなものです。

東大病院は、外来患者にとって診療や治療する場所ですが、入院患者にとっては治療と共に生活の場となります。そして病院のスタッフにとっては、オフィスでもあります。病院内には、売店もあればレストランやコンビニもあり、銀行のATMや郵便局もあります。病院に運ばれてくる物資は、医療用の医薬品や医療材料だけでなく、入院患者やスタッフのための食料品や、オフィスと同じようにコピー用紙や文房具や郵便物も運ばれてくるのです。

どんな物資が東大病院に運ばれてくるかを、物資を運ぶ自動車で調査した結果があります。朝8時から夕方17時までで、1日に約250台。その内訳は、食料品(29・5%)、包帯や治療用具などの医療材料(21・2%)、医薬品(20・7%)、日用品(16・2%)、宅配便(2・7%)の順でした。病院だから医薬品や医療材料が多いと思いがちですが、医療関連の物資は全体の約42%と半分以下で、食料品や日用品など生活関連物資が約46%もありました。これ以外には、医療機器、シーツや枕などのリネンが運ばれています。

（3）診察・病棟・手術を支えるロジスティクス

治療や診察という病院本来の仕事については、東大病院では医療関連物資（医薬品、医療材料、医療機器、検体、カルテ・帳票類）を対象に、無駄な在庫と移動を減らす取り組みを行っています。そして、安全で信頼性の高い医療の実現にも取り組んでいます。

多種多様な医薬品と医療材料のなかから、患者の症状にあわせて医薬品や医療材料を使うので、間違いがあってはいけません。患者の生命と安全を守る病院だからこそ、医薬品や物品の運び方にもさまざまな工夫があります。薬品には劇薬などもあるので、法規制の順守と正確な管理が必要です。また、患者に対して使用するため、感染症対策を含めて清潔に保つ必要があります。さらに、病気や怪我の患者の発生を予測できなくても、医療行為のための医薬品や医療材料が不足してはいけません。そのため、適切な在庫管理も必要になります。

入院患者が、医師と接触するのは診療や処置のときであり、看護師と会うのは検温や点滴、包帯の取り替えなどのときです。患者が治療を受けているときに、医薬品や包帯やピンセットなどの医療材料がどのように自分の部屋にまで運ばれてきたか知ることはないでしょう。東大病院では、医師は、前日までに処置内容を決め、必要な医薬品と医療材料を準備します。

東大病院では、「処置オーダにもとづく物品物流管理システム」を開発し運用しています。このシステムには治療の処置ごとの必要な医療材料の基本セットがあらかじめ登録されていて、それ以外の物品は医師が個々に入力することになっています。そして、病院内の物流管理システムの担当者が処置に必要な物品一式をセットし、前日の晩までには病棟の各フロアまで搬送しているのです。

(4) 医薬品や医療材料を集配するSPDセンター

医薬品と医療材料が、病院外から入院患者への処置に至るまでのロジスティクスがどうなっているのかを見てみましょう。

医薬品は、卸売業者(問屋)から病院の薬剤部に届けられ、薬剤部内で保管します。ガーゼや包帯、注射器や手術用の鉗子《かんし》(はさみに似た形の金属性の医療器具)などの医療材料は、SPDセンター(Supply Processing and Distribution Center)に運ばれます。

「SPD」という言葉を聞き慣れない人も多いかもしれません。「SPD」は、Supply(供給)Processing(処理)and Distribution(分配)の頭文字を取ったものです。病院で患者に投与する医薬品は、薬剤部で管理します。一方で、注射器や包帯など医療行為に必要な医療材料を管理するのが、SPDのスタッフです。

SPDセンターとは、病院内で使用する物品を集中管理して、病棟や診察室に供給する施設のことをいいます。病院内の医療材料の物品管理をするとともに、医薬品の搬送、医療材料のセット化と病棟への搬送、輸液ポンプなどの医療機器の搬送、郵便物や検体(血液や尿などの検査材料)の搬送などを行っています(写真1・図表2―5、2―6)。

実際に、SPDがどのように、日常で医療スタッフや患者を支えているか。1日のスケジュール

写真１　東大病院のＳＰＤセンター

ＳＰＤ内の作業風景。処置セットをカートで搬送する準備をしている。一つひとつセットしたピンクの入れ物に入った処置セットを、ＳＰＤのスタッフが巡回して搬送する

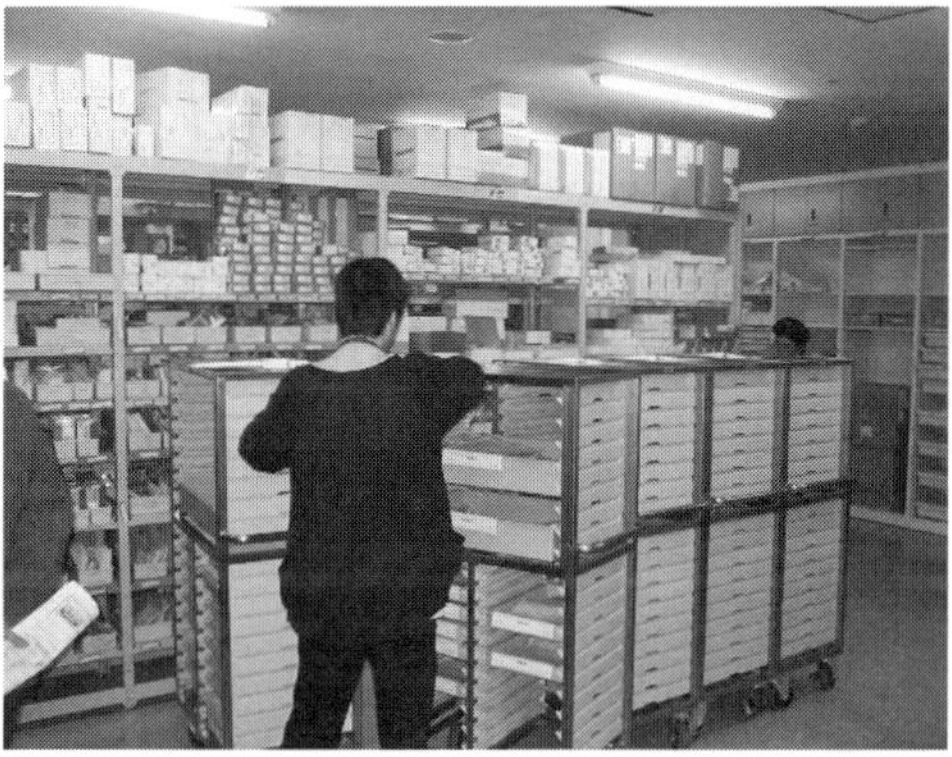

図表２－５　東大病院ＳＰＤセンターの業務の種類と業務内容

業務の種類		業務内容
院内物品管理	医療材料等	SPD倉庫で、医療材料の在庫管理
	雑貨・印刷物	SPD倉庫で、医療行為を行うために必要な雑貨・印刷物の在庫管理
院内物品搬送	医薬品	薬剤師が医師からの処方箋に応じて調剤した医薬品を搬送する
	ME機器（医療電子機器）	臨床工学技師が管理している輸液ポンプ等を外来や病棟といった使用場所まで搬送する
	メッセンジャー	各病棟宛の郵便物の搬送や、病棟、外来から検査室への検体等の物品を搬送する

図表２－６　ＳＰＤが供給する物品と取り扱い方法

供給する物品	取り扱い方法
医療材料	処置セット、手術セット、定数物品など
医薬品	管理は薬剤部が行う。ＳＰＤは供給のみ
救急カートなどの対処別セット	搭載する医薬品は薬剤部で管理。ＳＰＤでは救急カートのほかに感染症防止の感染カート、妊産婦専用の出産セットなどを用意する
鋼製小物	滅菌器材などは材料管理部が管理。ＳＰＤは供給のみ
医療機器	医療機器管理部が管理。ＳＰＤは供給のみ
診療用紙類	発注指示のあった帳票など
その他	事務用品など

図表２－７　医師による“患者処置セット”の発注から、病棟への搬送までの流れ

前日の12時まで
医師が患者別の翌日分の「処置データ」を入力。ＳＰＤは医師からの「処置データ」を受信。データをプリントアウトして、順次、ＳＰＤの倉庫で「処置セット」の作成作業に取り掛かる
12時～17時
「処置セット」ができた順に、カート（写真１）もしくは館内を巡回する専用の搬送機で搬送する
17時～24時
「処置データ」で追加分があれば、医師は24時までに入力する
24時～７時（処置を行う当日）
ＳＰＤで搬送機を使って、所定の位置に搬送する
７時以降
病棟で、医師による処置が始まる

（注１）ＳＰＤは、手術で必要になる器具を、患者別に一式にまとめた「手術セット」も取り扱う
（注２）「手術セット」の受発注時間や流れは、上記と同じ。医師が入力した「手術オーダ」を基に、手術で使用する器具をＳＰＤのスタッフが準備する

をもとに、流れを見てみましょう（図表2―7）。

病院内ではSPDに携わるスタッフが24時間365日、患者や医師をサポートします。昼間は40〜50人がSPDセンターで働き、夜間（23：00〜8：00）は4人が常駐し、緊急の事態に備えています。

写真2　患者別処置セット

医師が入力した「処置データ」をプリントアウトしたもの（写真下）を基に、ＳＰＤのスタッフが、箱（右）に物品をセットする

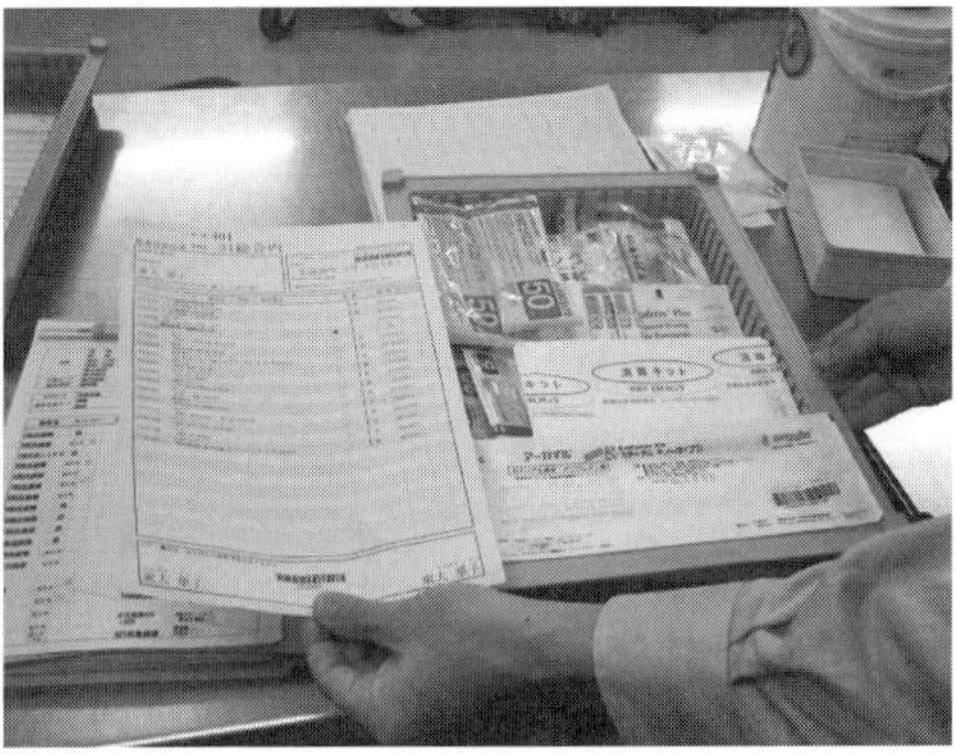

写真3　手術で必要な道具をひとまとめにした手術セット

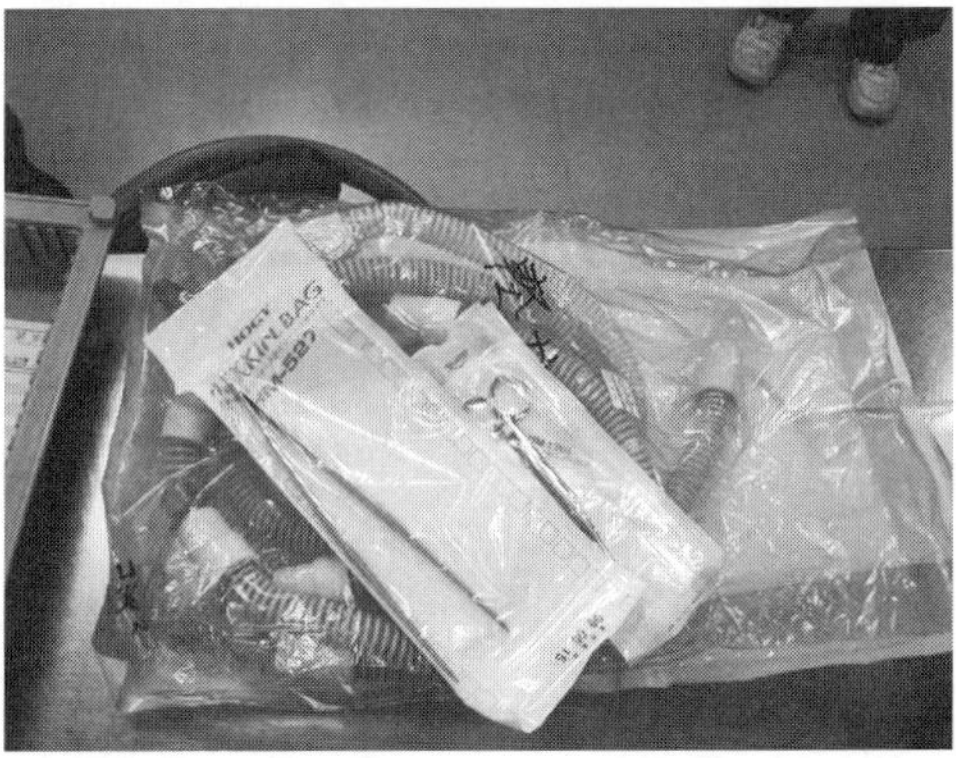

写真４　妊婦が出産で必要となる備品をセットしたバッグ

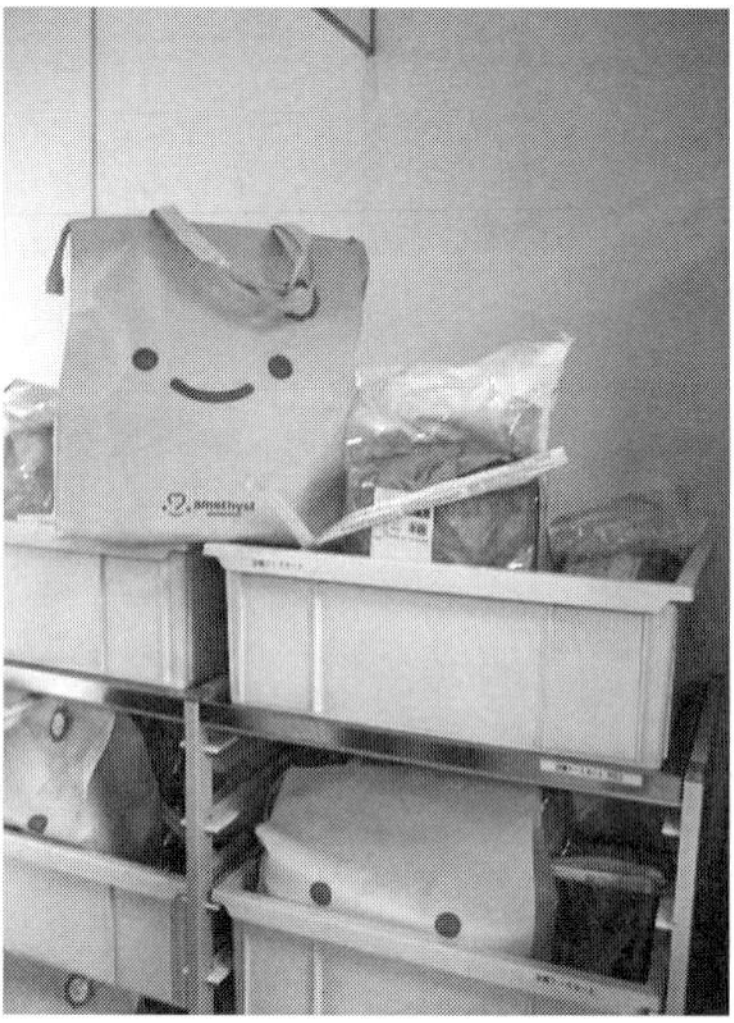

(5)「セット化」で時間短縮、更なる効率の向上

病院では毎日、入院している患者さんや手術を受ける患者さんなどが多くいます。より速く、正確に、丁寧に患者さんを診療するために、処置ごとに物品を一式にまとめた「患者処置セット」というセットがあります。たとえば、〝明日、胃がんの手術をする患者さんがいる〟といった場合には、胃がんの手術で必要な器具や手袋などの物品をセットして、手術室に事前に送っておく、といった作業です。ＳＰＤではセット化の作業が、１日のなかでも多く占めるそうです（写真２、３）。

(6) いざというときに備えて、あらかじめセット化

これ以外にも、妊婦さんのためのセットもあります（写真４）。お産のときに必要になる産褥シートやへその緒を入れる木箱などを一式にまとめた妊婦さん用のバッグです。セット化と一言で言っても、いろいろなセットがあるのが分かります。このようにＳＰＤは、あらゆる状況に備えて、患者さんや医療スタッフをサポートしています。

「セット化」は、いろいろな場面で応用されます。〝病院では、いつどこで人が倒れるか分からない〟という想定のもと、いざという事態に備えて、「救急カート」を全フロア・全病棟に設置しています（写真5、6）。キャリーが付いたカートには4つの棚があり、主に心肺蘇生用の器具や薬品が入っています。いわば〝病院内の救急箱〟です。医師や看護師などがすぐに処置に当たれるように、カートの置き場所や、常備する薬品の種類や数、必要な資材が何段目の棚のどの辺にあるか、などをすべて統一しています。

救急カートの中身は、SPDでセットします。「セット化」は、いざというときの医師や看護師

写真５　救急カート

病院内で急病人が出たときに使えるよう、病棟や全フロアの決まった場所に置いてある。医薬品や医療器具の使用期限に注意し、足りなくなった場合は、適宜ＳＰＤで補充・入れ替えを行う

写真６　救急カートの中身

救急カートに入っている医薬品や医療材料の棚の位置は、どのカートも同じになっている。一分一秒を争う緊急時に、どこに備えてある救急カートも、誰にでも分かるようにセットされている

などの無駄のない作業や、患者への適切な処置に効果を発揮します。

（7）病院経営にも切り込むＳＰＤ

ＳＰＤで取り扱う物品は東大病院が購入し、管理は委託を受けた会社が、病院内で物品の管理・供給・搬送する形をとっています。医療材料を無駄に発注したり、使用期限切れにしたりすると浪費につながります。そのため、ＳＰＤが医療材料の在庫や使用数を管理することは、病院経営にも重要な役割を果たします。

ＳＰＤで取り扱う品目数は、約７６００品目。ＳＰＤを導入する以前は、在庫の薬品や、手術や診療で使用するディスポーザル用品が全部で約１万５０００品目ありました。手術の手袋一つでも医師によって使い心地が異なるため、医師の意向を優先させると、アイテム数が増えてしまう傾向にあったそうです。そのため、医師や病院スタッフに理解や協力を求め、アイテムの集約・標準化を図り、約半数となる７６００品目にまで減らしました。

ＳＰＤにあるアイテム数の集約・標準化に向けた取り組みは、２つの大きな成果がありました。

１つ目は、「医療スタッフの負担が軽減」したことです。従来は医師や看護師といった医療スタッフが物品準備や在庫管理を担当していました。しかし、院内でオンラインシステムを導入し、業務の役割分担を行うことで本来の業務に専念できる環境が整いました。医療スタッフがオンラインでＳＰＤに医薬品や医療材料の調達を依頼すると、患者の診療記録（カルテ）や処方せんなどの履歴が残せるという、作業の短縮につながる二次的な効果もありました。

2つ目に、「在庫削減」が挙げられます。SPDで取り扱う在庫量の削減を促進し、病棟の物品管理スペースが約3分の1削減しました（1病棟当たり平均15㎥→5・6㎥）。先ほど、当初のアイテム数は1万5000から約7600品目にしたと書きましたが、病棟在庫物品を、金額ベースで換算すると、約1億6000万円削減（約1億9000万円→3400万円）になったそうです。

〝長寿国の日本〟と言われる背景には、医療技術だけではなく、医療技術を支えるロジスティクスが進歩しているから、と言っても過言ではないかもしれません。

〈ロジスティクス学⑤〉

リードタイムとロジスティクス・サービス

病院の物流の特徴

病院のロジスティクスの特徴は、次のようにまとめることができる。

輸送機能では、多種多様な医薬品と医療材料を、治療や手術の時間にあわせて時間を守りながら、厳密な衛生管理や品質管理のもとで運ばなければならない。

保管機能では、どのような疾患の患者がいつ来るか分からないために需要予測が困難である。よって、欠品のないように在庫に余裕を持たざるをえない。また劇薬を保管することもあるので、法規則を遵守し安全を確保する必要がある。

流通加工機能では、患者の症状にあわせた医薬品や医療材料を用意し、患者ごとに必要な物資の数量管理と品質管理を行わなければならない。

包装機能では、手術や処置に使用するために、医薬品や医療材料、さらにはリネンも含めて、感染対策も含めて清潔に保つ必要がある（図表2―8）。

3つのロジスティクスのタイプ

一般にロジスティクスには、3つのタイプがある。そこでロジスティクスを、「タマネギが農家で収穫されてから、卸売市場と八百屋を経てピザ屋に届き、さらにピザが消費者の家に配達されるまで」を例に、説明してみよう。

第1は、「生産（農家）と消費（ピザ屋）をつなぐロジスティクス」であり、タマネギを扱う農協や商社の視点である。ピザの材料となるタマネギは、農家から卸売市場と八百屋を経てピザ屋に到着し、調理されてピザに変わる。農家からピザ屋までの過程

図表2－8　病院に搬出入される物質

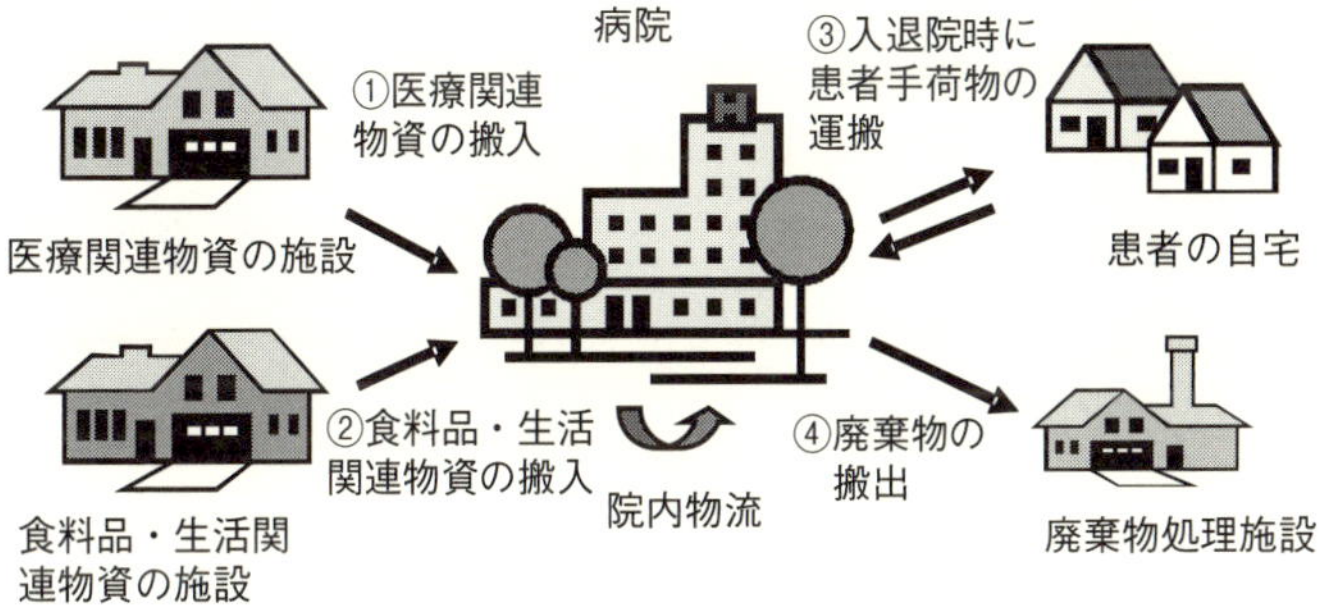

で、段ボールから袋詰めになったりするが、タマネギそのものは変わらないので、商品に変化のないロジスティクスである。これは、サプライチェーン（Supply Chain）と言ってもよい（図表2―9）。

第2は、「注文してから届くまでのロジスティクス」であり、ピザを注文した消費者の視点である。消費者がピザを注文してから家で受け取るまでには、①ピザの注文・②ピザの生産・③ピザの宅配の3つ活動が存在する。この注文から到着までの時間を、専門用語でリードタイム（Lead Time）という。消費者は、ピザ屋がどこからタマネギを買い付けているかに興味はない。むしろ、いつ届くだろうか、注文通りのピザが来るだろうかと、ひたすらピザの到着を待つ。

第3は、「調達・生産・販売のロジスティクス」であり、タマネギを仕入れピザを販売するピザ屋の視点である。ピザ屋がタマネギを調達するときは、タ

図表2－9　ロジスティクスの3つの役割

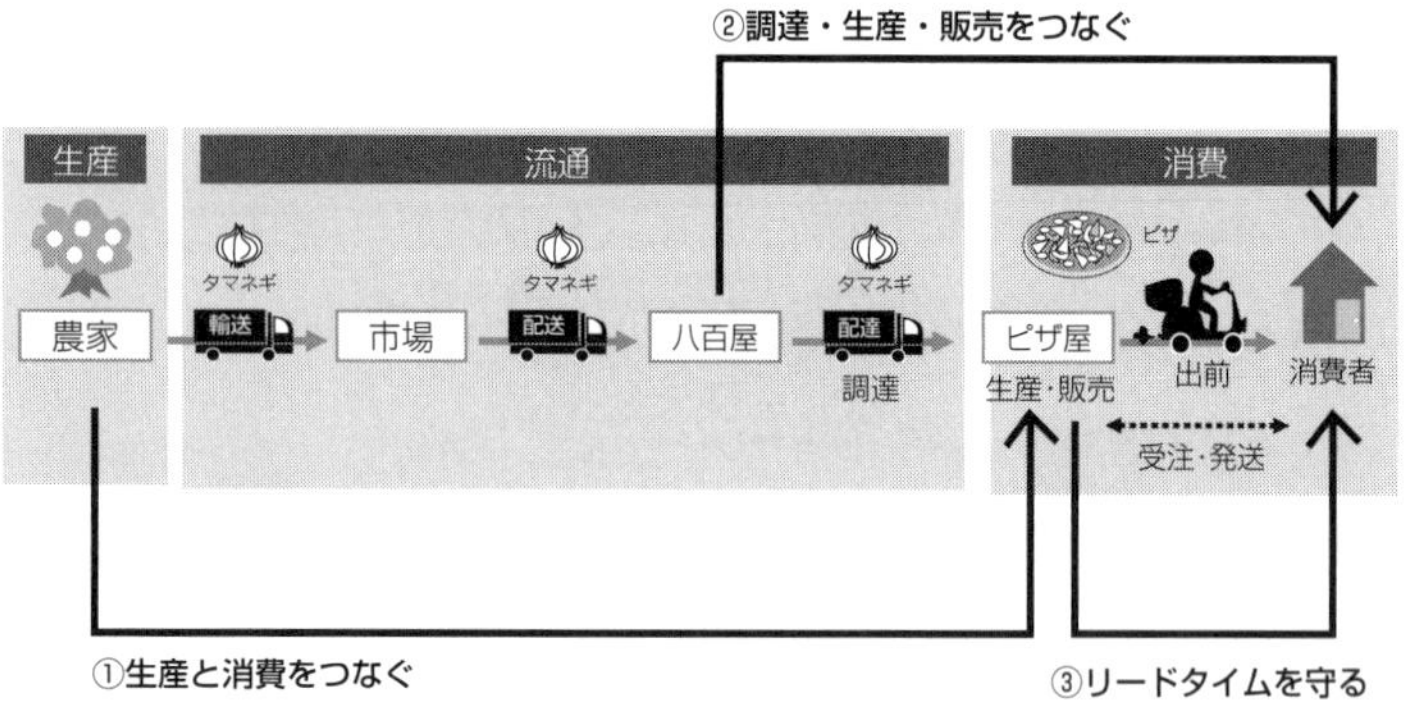

マネギを必要な時に必要な量だけ届けてもらいたい。タマネギや小麦粉を安く仕入れて、食材のムダを出さずにピザを効率的に作り、美味しいピザを首尾よく届けて消費者の満足を得たい。ピザ屋に限らず、メーカーや卸小売業に広く共通した視点である。

SPDのリードタイム

病院のSPDのロジスティクスは、上記の2番目の「リードタイムを基本にした、注文してから届くまでのロジスティクス（リードタイム・ロジスティクス）」である。

病院に限らず日常生活では、リードタイムを重視したロジスティクスの例は多い。

たとえば通信販売で本を購入するときには、①注文はインターネットでする（発注）と、ただちに、通販会社の情報センターで注文を受け取る（受注）。②通販会社の倉庫では、本を棚から探し出して、段ボールに詰め宅配便で送る準備をする。③そして宅配便に依頼し（発送）、翌日には本が届く（配送）。このとき発注からに納品までの時間は、早くて一日、遅くても3日程度だ。

このとき、①の受発注は、インターネットや電話で注文すれば瞬時に終わる。③の配送は、宅配便に頼めば翌日に届く。よってリードタイム・ロジスティクスでもっとも気をつけなければならないのは、②の「注文を受けてから発送するまでの作業」なのである。受注した本を探して箱に詰めて発送するまでの作業を短い時間で確実に行うことが勝負なのである。

SPDにおける医療材料のロジスティクスも、医師が発注してから病棟に届くまでのリードタイム・ロジスティクスである。このとき、①医師による「発注」とSPDでの「受注」、②SPDでの「品揃え」、③SPDから病棟までの「配送」に分けられる。そしてこのとき②SPDでの「品揃え」が、極めて重要なのである。ロジスティクスというと運ぶことと誤解しがちだが、病院では、運ぶこと以上に、揃えること、詰めること、確認することが重要なのである。この役割を、SPDセンターが担っている。

SPDのシステムを導入することで、在庫管理が正確になり、看護師が物品管理業務から解放される。特に東大病院の例では、SPDと物品物流管理システムを連動させることと、医療材料のセット化を進めたことで、診療報酬の入力作業の軽減や在庫削減の効果があったのである（図表2―10、11、12）。

ロジスティクス・サービス

サービスという用語は、さまざまな意味に用いられている。「あの店はサービスがいい」という表現は、価格の割引きに用いることもあれば、店員の接客態度が良かったり、商品の説明を丁寧にしてくれると

図表2－10　発注から納品までのリードタイム

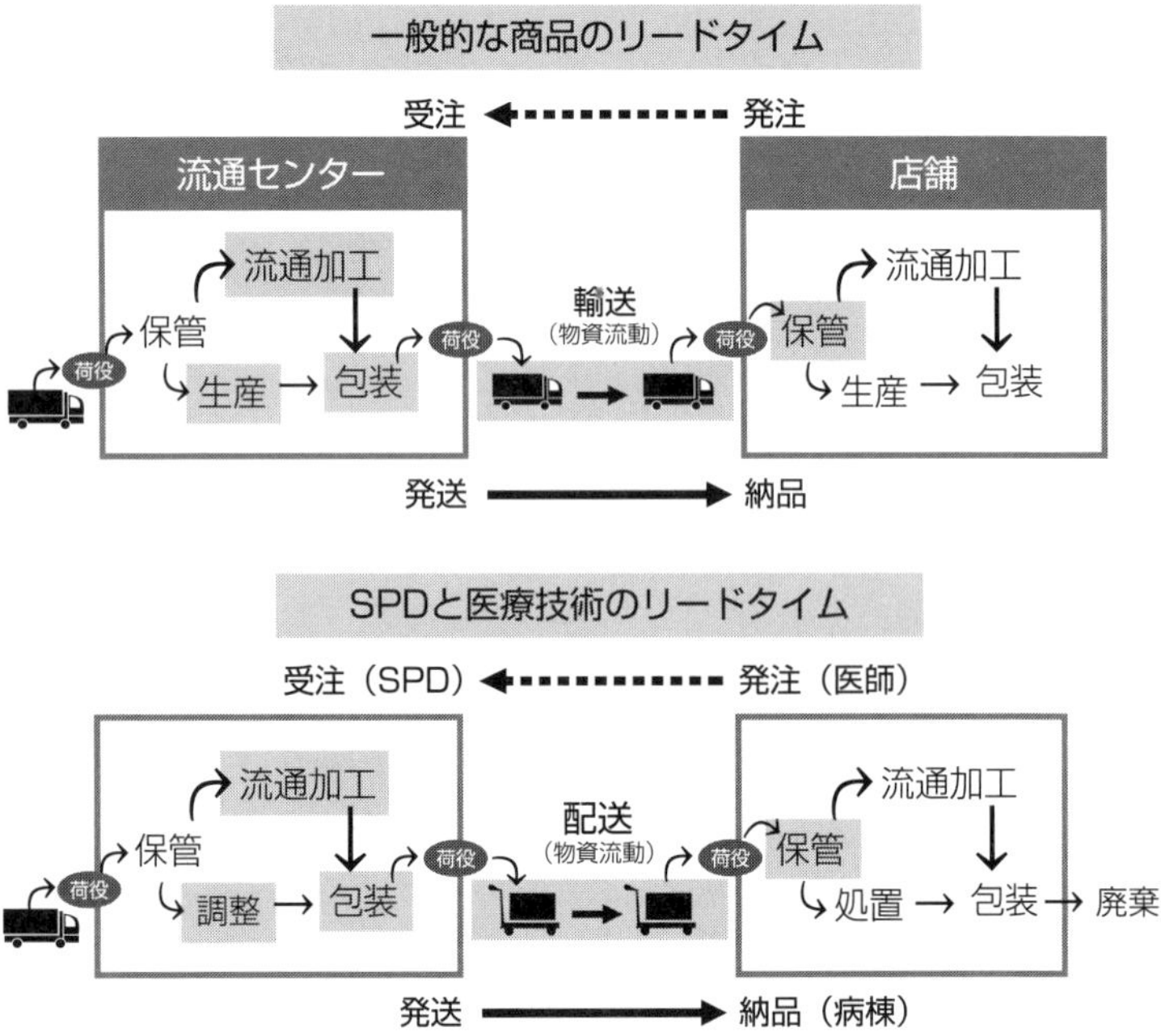

図表2－11　物流活動からみた病院物流の特徴

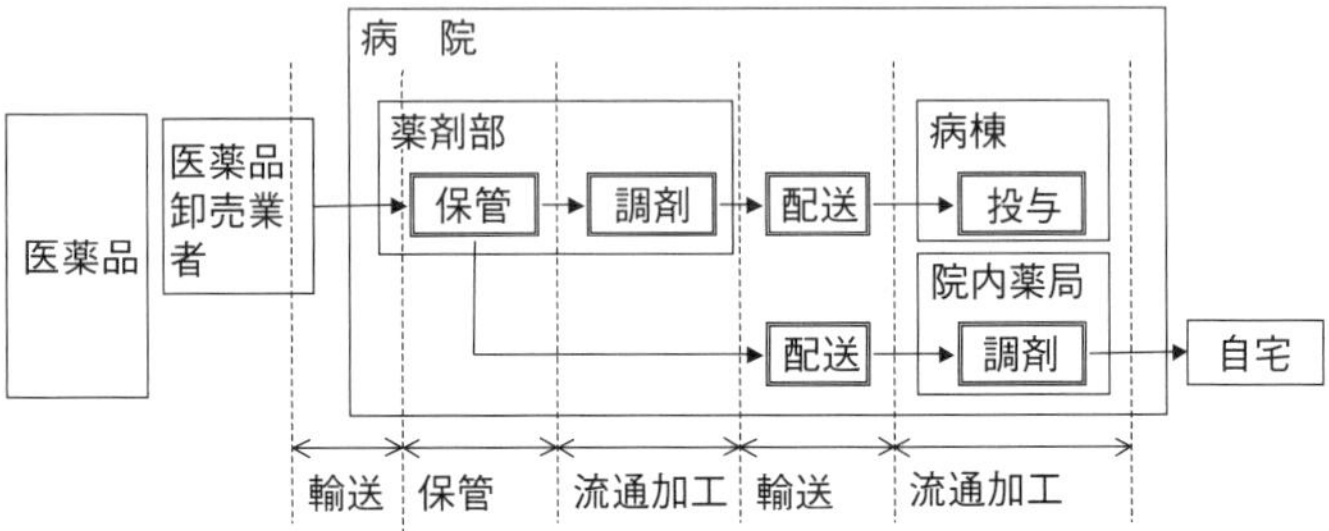

図表２－12　医療関連物質・生活関連物質・廃棄物の病院物流

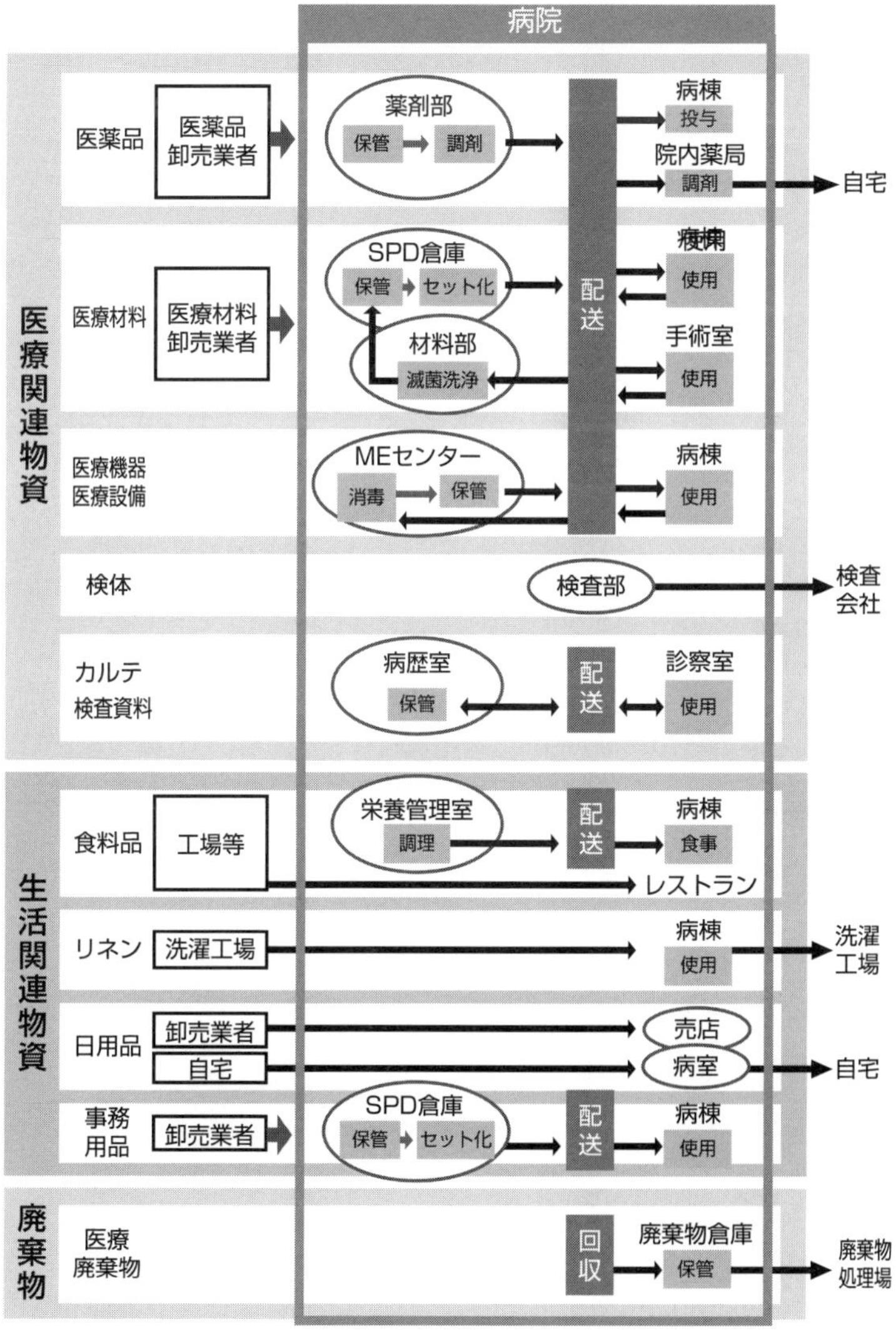
病院
医療関連物資
医薬品
医薬品卸売業者
薬剤部
保管
調剤
配送
病棟
投与
院内薬局
調剤
自宅
医療材料
医療材料卸売業者
SPD倉庫
保管
セット化
材料部
滅菌洗浄
病棟
使用
手術室
使用
医療機器
医療設備
MEセンター
消毒
保管
病棟
使用
検体
検査部
検査会社
カルテ
検査資料
病歴室
保管
配送
診察室
使用
生活関連物資
食料品
工場等
栄養管理室
調理
配送
病棟
食事
レストラン
リネン
洗濯工場
病棟
使用
洗濯工場
日用品
卸売業者
自宅
売店
病室
自宅
事務用品
卸売業者
SPD倉庫
保管
セット化
配送
病棟
使用
廃棄物
医療廃棄物
回収
廃棄物倉庫
保管
廃棄物処理場

きにも使う。

この「サービス」を、清水滋は『サービスの話』（日経文庫105、日本経済新聞社、1990年）の中では次の4つに分類している。

第1の精神的サービスは、「サービス精神がおうせい」などと表現する精神的なあり方である。第2の態度的サービスは、飲食店でのウェイターによる配慮の行き届いた接客態度のように、接客の表情・動作・身だしなみなどである。第3の犠牲的サービスは、価格の割引きやおまけのように、低価格または無料提供である。第4の業務的サービスは、医療や理容などのサービス業に代表されるように、サービスという無形財を販売・提供するものである。

一方で、商取引には、商品（有形財）とサービス（無形財）の売買がある。商品（有形財）の取引きは、日常の買い物が代表的であり、所有権の移転を伴う。サービス（無形財）の取引きでは、床屋で髪を切る技術に対価を支払うものの、髪の毛や頭の所有権が移転するわけではない。つまり無形財の売買が、業務的サービスでもある。

物流の仕事は、所有権が移転するわけではないので、無形財（サービス）である。輸送機能は「商品や物資の空間的な移動」、保管機能は「時間的な移動」、流通加工・包装・荷役機能は、「商品の高付加価値化」という無形財（業務的サービス）なのである。

将来の病院のロジスティクス・サービス

病院では、診察や治療・手術などの医療行為とともに、検体検査や患者給食などの医療関連サービスがある。しかし患者の視点で考えてみると、入院は患者の生活そのものだから、入院生活や療養生活において患者の負担を軽減するロジスティクスのサービスがあってもよい。

そのいくつかを紹介してみよう。

手荷物配送サービスとは、入退院時に患者の手荷物を運ぶサービスである。患者が入院するときは、衣類や生活雑貨などボストンバッグ1個程度の荷物を持ち込むことになるが、入院する患者は病気になっていたり怪我している。退院するときも回復途上かもしれない。そこで入退院時において、病院と患者の自宅間の手荷物の運搬を運輸事業者が代行するサービスが考えられる。このサービスは、すでに東大病院でも試行したことがある。

医薬品宅配サービスとは、医薬品を患者宅に配送するサービスである。病院で処方される医療用医薬品は、医師が作成した処方箋のもとで、薬剤師が患者に対面して、医薬品情報を説明し交付することが原則である。しかし患者の容体や居住地によっては、病院や薬局に出かけられないこともある。また退院時や通院時に処方された医薬品の種類と数が多ければ、持ち帰ることも患者には大きな負担になる。そこで患者の負担を軽減するために、患者に代わり薬剤師や運輸事業者が医薬品を自宅まで配送するサービスが考えられる。

物品調達サービスとは、入院中に患者の生活物資を調達するサービスである。病院には、疾病の種類も回復状態もさまざまな患者が入院している。たとえば、骨折治療の入院患者は、骨折した部位により歩行できないものの飲食や読書などは比較的自由なため、必要な物品も多くなる。また子供が入院中の母親は、そばを離れづらいため、自らの食事もままならないことがある。そこで入院生活においても、家族や看護師に負担をかけずに、日常生活と同じように必要な物品を手軽に調達できるサービスが考えられる。

療養食宅配サービスとは、療養食を患者宅に配送するサービスである。わが国で増加している生活習慣病は、喫煙・飲酒・食生活・運動などが病気の発症や進行に大きく影響する疾患で、がん、心疾患、脳血管疾患、糖尿病などがある。生活習慣病の発症と重症化を予防するためには、たとえば食生活を改善して、エネルギーや栄養成分の摂取量を管理することが重要であるが、生活習慣病の有病者やその家族だけで栄養管理を行うことは容易ではない。そこで生活習慣病の有病者と家族の負担を軽減し、食生活を改善し自宅で安心して快適な食生活をおくることができるように、あらかじめエネルギーや栄養成分が調整された食事を宅配するサービスが考えられる。

このように病院には、治療に加えて患者の生活を守り支える役割がある以上、患者のためのロジスティクス・サービスが増えていくだろう。

第3章

あわせる（流通加工・包装・荷役）

1 鉄鋼製品のオーダーメイド

(1) 時代とともに、姿を変える〝鉄〟

鉄というと、〝硬い〟〝重い〟というイメージを想像される方が多いと思います。事実、洗濯機や冷蔵庫などの日用生活品から、オフィスでは机や書棚などのキャビネット、私たちの生活に欠かせない住居やオフィスの建物にも、骨組みには硬くて丈夫な鉄が使われています。

この〝鉄〟という素材は、昔から変わることがないのに、加工の仕方や運び方が大分進歩して、今の形になってきているものなのです。

時代とともに、どのように鉄の加工や運び方が変化をしているのかといったことを、鉄鋼製品を扱っている商社の阪和興業に聞いてみました。

(2) 「売る」から「加工して売る」に変わった鉄

阪和興業は、鉄鋼メーカーではありません。鉄鋼をメーカーから調達して、工事現場などに運んだり、必要であれば加工して現場に納品したりする、いわゆる〝鉄鋼卸〟の会社です。

昔は鉄をメーカーから購入して建設会社に売って、工事現場に運ぶ、といった仕組みで成り立っていました。ところが、時代が経つにつれ、お客さまに商品を提供する際に、付加価値で勝負して、いかに顧客の満足を得るかが問われるようになりました。その結果、工事現場で働く人が作業しやすいようにする。つまり、〝現場の作業では、鉄鋼の切断や溶接などの手間を、なるべく省きたい〟という顧客の要望を反映して、途中の段階の作業を阪和興業で行うといった今の形が出来上がりました（写真1）。今では鉄骨の骨と骨を接ぐ時に、溶接を行う代わりに、専用の付属装置を取り付けて作業を完了させるため、溶接技術を持つ現場のスペシャリストが、どんどん少なくなっている傾向にあるそうです。

写真1　依頼主からの要望があれば、効率的な溶接のために鉄鋼と鉄鋼をつなぎやすいように端を削って、工事現場に出荷。鉄筋と同様、寸分の狂いもなく作ることが大前提

(3) 〝動かさなくてもいい場所〟に、センターあり

鉄鋼卸はたとえば、現場にビルやマンション、道路の舗装などで使う資材を届けるだけではなく、現場ですぐに使えるように鉄骨や鉄筋を適切な長さに切断したり、鉄骨であれば必要な形に曲げたりすることも業務に含まれます。そのため阪和興業は、鉄鋼メーカーから買った商品を一時的に保管する大きなセンターを全国に持っています。センターのなかには、鉄を切ったり曲げたりする機械を設置して、注文があれば、注文通りの長さや形にして、現場に持って行きます。

写真2　センターは、岸壁に面した所に設置。そして、センターの形は、長い母材を保管するのに適した長方形のセンターになるのが特徴

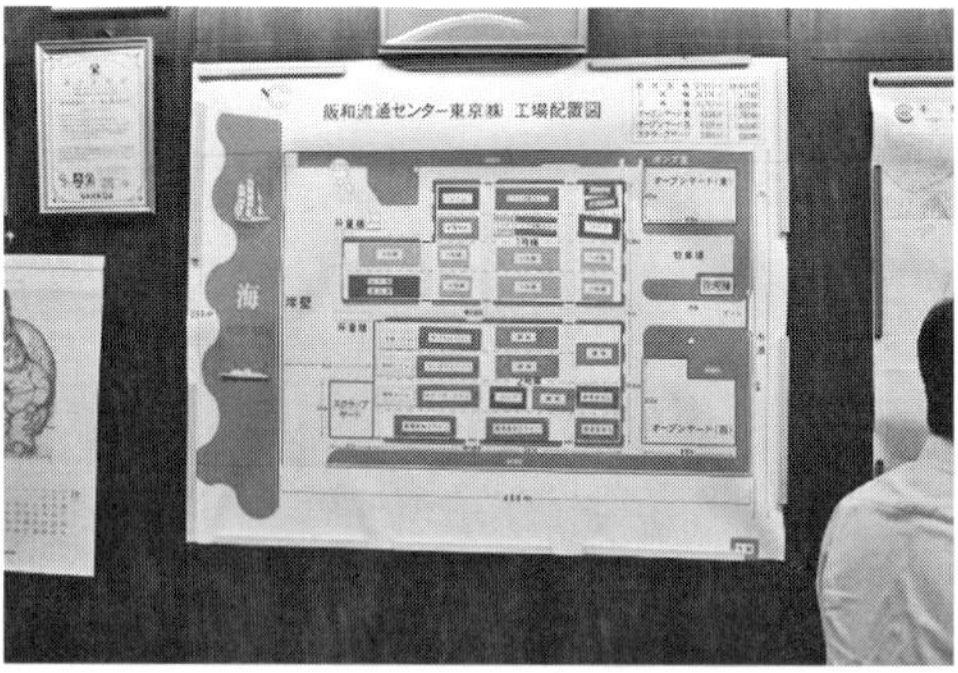

写真3　センター内には、ロール状のコイルやH型鋼など、母材ごとに保管されている。出入り口付近は、トラックの搬出入口があり、入出荷用の母材を一時保管するためのスペースがある

全国に点在するセンターには、2つの共通点があります（写真2）。

1つ目は、「どのセンターも、岸壁がある」ということです。なぜ、岸壁があるのかというと、陸路で運ぶよりも、船の方が効率的という利点があるからです。そのため、岸壁で鉄を運んだり保管した方が良いということから、岸壁のある臨海地域にセンターを作り、そのセンターで保管するようになりました。

2つ目の共通点は、「どのセンターも上空から見ると、長方形になっている」ことです。センターの中では横長に仕切った2つの空間を、「太くて重い部材（母材とも言います）」と「細くて軽い部材」に分けて保管します（写真3）。そして、部材に加圧しても耐えられる機械をそれ

ぞれに準備し、鉄骨や鉄筋、鉄板を切断したり湾曲させたりしていきます。センターが長くなるのは、「部材が長いものが多いから」といってもよいでしょう。

　このように、重厚長大という言葉のとおりの鉄です。持ち運びがなかなか簡単にはいかないこともあって、あまり自由に動かせません。そう考えると、鉄は、動かさなくてもよい場所や仕組みで動いている、と言えるかもしれません。

写真４　加工は、注文先から依頼を受けた鉄鋼や鉄筋を、依頼主の要望する形や長さに変形・切断する。作業は阪和興業の工場内で行う

写真５　決められた形・本数ごとに成型し、納品する

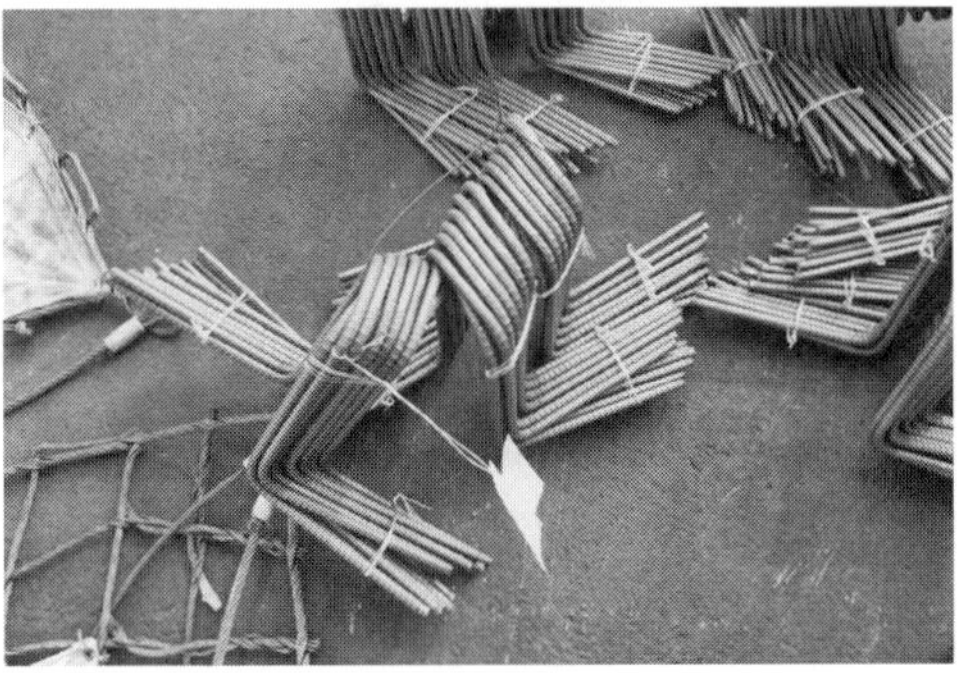

(4) 〝コンマ・ミリ〟単位の正確さを追求

　注文があってから、どういう材料がいくつ欲しいか——。取引先から阪和興業に注文が入ってくると、必要な情報を一枚の紙に印字した出荷票が出されます。これには、依頼者、納品日、商品、本数、必要な長さ（切寸）、鉄筋であれば、

写真６　加工時やビルの建て替え時などに出た鉄の廃材は、集めて新たな鉄に生まれ変わる。工事現場で出た古い鉄材は、帰り荷に積んでリサイクルに回る

折り曲げる箇所といった情報が書かれています。

この加工作業、人の手（といっても正確には機械で行いますが）が掛かった作業となりますが、〝コンマ・ミリ〟単位もずれることがない、精巧な仕事をしています（写真4、5）。たしかに、鉄骨が1ミリずれてしまったら、さらにその鉄骨が何本もあったら、もし、その長さで高層ビルを作ってしまったら、最終的には、建物の高さが変わってきてしまいます。そのため、絶対に狂いがあってはいけない作業なのです。

（5）鉄の廃材は、宝の山

鉄を運ぶトラックは、建築現場での鉄鋼の供給の役割を終えた後、帰りには何も載せずに帰ってくることになります。物流の専門用語で言うと〝空荷《からに》の状態で帰ってくる〟ことになります。

それは、往復を考えた場合に、行きの積み荷が１００％だったとしても、帰りが空荷だったら、総合的に考えると〝積載率は50％〟となってしまいます。この状況は、〝積載していくら〟と輸送を依頼する荷主だけでなく、実際に運んでいる運送会社、ひいては出来高制のトラックドライバーにしてみても、お金が入ってこない〝もったいない動き〟といえます。

〝鉄の需要がある、ということは、廃棄しなくてはならない鉄の需要もあるはず〟と目をつけた阪和興業の社員が、２００１年から、鉄のスクラップを回収する事業を始めました（写真6）。当初は理解をなかなか得られず、取引先の2社から了解を得て、鋼材のスクラップ回収業務からスタートしました。月々の回収した量は１０００ｔでした。ところが、軌道に乗った今では、鋼材だけではなく、木材やアルミインゴットといった廃材も取り扱うようになり、08年は、80社で月４万ｔを取り扱うまでの事業に成長しています。

〈ロジスティクス学⑥〉

顧客のオーダーにあわせる流通加工（生産加工）

鉄鋼製品のオーダーメイド

鉄というと、あまり種類がないように思うが、実際には、用途にあわせて鉄に含まれる成分ごとに、何種類もの鉄が生産されている。建設資材のH型鋼、自動車のボディー用の鋼板などが典型的な例である。

さらには、超高層ビルや長大橋の部材となる鉄鋼製品であれば、最終的な製品として直ちに使用できるように、設計図の仕様に合わせて高い精度で加工しておくのである。このように、最終製品にする過程で、こまやかな加工作業がある。

流通加工機能

ここで紹介したように、工場で生産された製品を流通センターなどで最終製品として直ちに使用できるように加工することを、流通の過程で加工することから、「流通加工機能」と呼んでいる。流通加工機能には、大別して、製品を加工する「生産加工」と、商品を組み合わせる「販売促進加工」がある（図表3―1、2）。

「生産加工」とは、ここで紹介した鉄鋼製品の加工だけでなく、デパートで購入したズボンの裾あげや、一斤のパンを6枚や8枚にカットしたり、パソコンを組み立てたりするように、製品の形状や大きさを顧客の意向に従って加工するものである。

一方の「販売促進加工」とは、野菜を大きさ別に選別したり、シャツやセーターに値札を付けたり、ネクタイとハンカチを詰め合わせて贈答品セットにするように、商品そのものには手を加えないものの、選別や組み合わせによって、商品を選びやすくするものである。

商品の高付加価値化と流通加工・包装機能

流通加工機能は、包装機能とともに、商品の価値を高めている。われわれがコンビニでよく買い求めるおにぎりを例に、商品の高付加価値化を考えてみよう。

おにぎりの原料は、稲から始まる。稲を脱穀すると米になり、米を炊くとご飯になり、料理しておにぎりを作る。おにぎりに唐揚げをセットにして詰め合わせ割り箸をつければ弁当になり、弁当にお茶のペットボトルを組み合わせるとランチセットになる。おにぎりを作るまでは生産であるが、流通の過程で米を保管している倉庫で、脱穀するようなことがあれば生産加工でもある。次に、おにぎりに割り箸をつけて唐揚げとセットにしたり、飲み物と組み合わせることは販売促進加工である。そして、おにぎりと唐揚げを箱に詰めてから包装紙でくるむことは、包装機能である。

米からおにぎり、ランチセットへと進化するほど価格は割高になるが、そのぶん流通加工や包装という手間がかかっているのである。

昔は家でおにぎりを作っていたが、今では出来上がったおにぎりを買い求めることが多いので、自らがおにぎりを作ることは少なくなった。これを、「生産の外部化」という。それだけ、すぐに食べられる商品としての価値が加わっているから、高付加価値化したことになる。そして、米とランチセットの価格を比べてみれば分かるように、付加価値が高まれば高まるほど、価格も高くなり、賞味期限も短くなるのである（図表3―3）。

生産加工の種類と内容

流通加工のうちの生産加工には、ここで紹介したように、鉄鋼製品では、鋼材切断や塗装などがある。これ以外の生産加工の例としては、倉庫内でパソコンを組み立ててソフトをインストールしたり、外国から輸入した衣類の検針（針の混入をチェックすること）、しわを伸ばすためのアイロンがけ、洗濯マーク付けなどの作業がある。

昔の工場は労働力を必要としたが、今ではロボットが活躍して、従業員も少なくなった。一方で、昔の倉庫は保管するだけだったが、今では、倉庫や流通センターでは流通加工業務が増えて、多くの人手が必要となっている。とりわけ生産加工は、倉庫や流通センターなど、われわれの目につかない場所で行われている。

重くてかさばる鉄、一見流通加工とは無縁に思える鉄も、工場で生産された後で流通センターに運び込まれ、ここで極めて精度の高い加工技術によって最終製品を産み出している。建設現場に運び込まれてインフラづくりに貢献している最終製品も、そこに至るまでには、輸送や保管だけでなく、流通加工というロジスティクスがあってこそ完成するのである。

図表3－1　流通加工機能と包装機能

「流通加工機能」
①生産加工：製品の形状や大きさを、顧客の意向に従って加工する ②販促加工：商品には手を加えないが、選別や組み合わせたり詰め合わせる
「包装機能」
①工業包装：製品や商品の品質を保護する ②商業包装：製品や商品の価値を高める

図表3－2　生産加工の種類と内容

(1)	鋼材切断・塗装
(2)	家具やキャビネット組立て
(3)	洗剤の返品・中良品・良品選別
(4)	パソコン組立・ソフトインストール
(5)	洋品の検針・修繕・アイロンがけ・洗濯マーク付け

図表３－３　商品の高付加価値化と流通加工・包装の増加

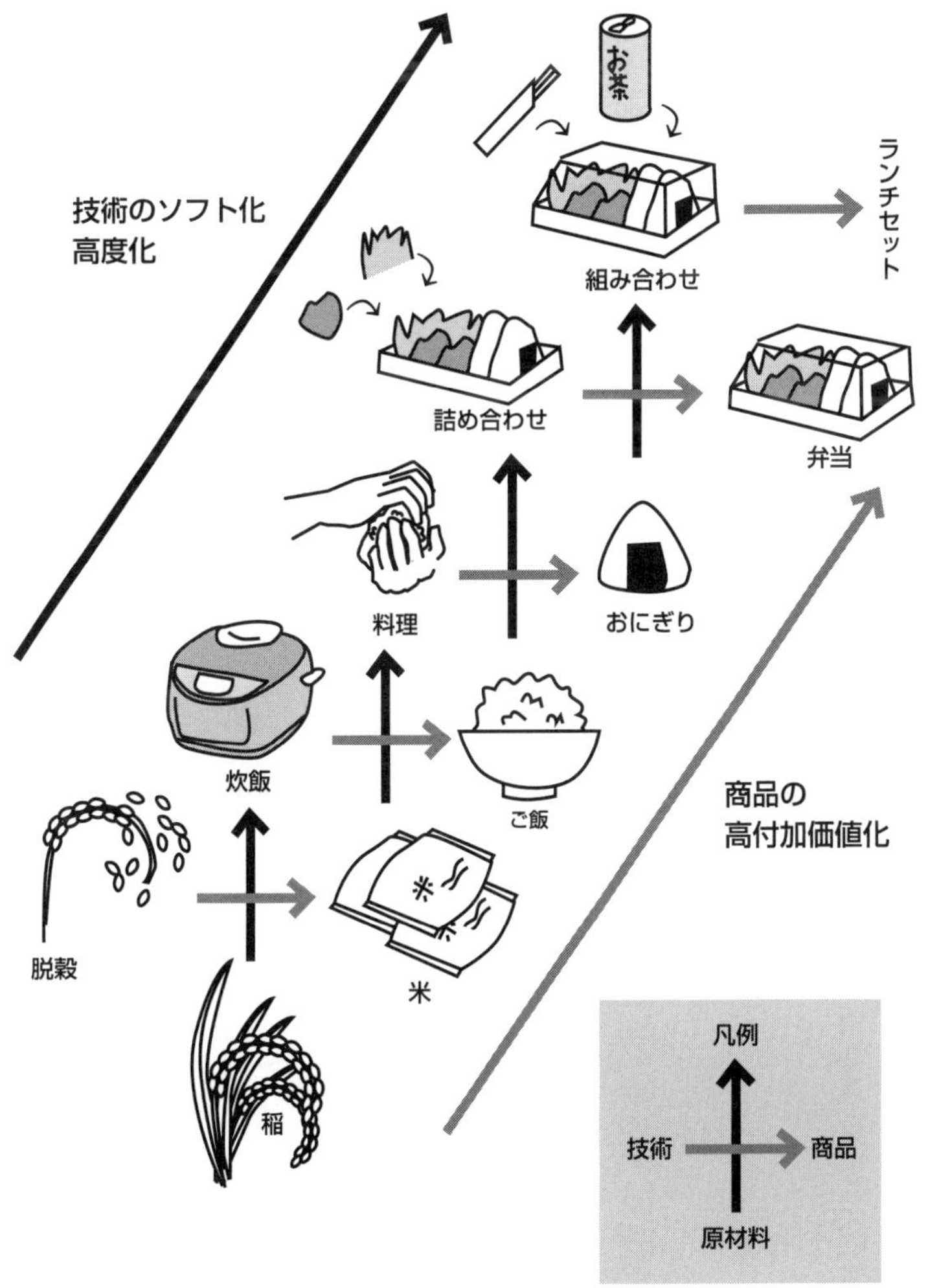

2　新聞と折り込みチラシが出会うまで

（1）朝6時までに届ける新聞

政治、経済、国際関係のニュース、それ以外にも事件やスポーツ、地域独自のニュースが取り上げられる新聞。日本では江戸時代の瓦版が最初の新聞と言われています。新聞が各家庭に配られるようになったのは、幕末から明治にかけて。当時の欧米のスタイルを模して作ったものと言われています。

新聞は、チラシを挟み込み、雨の日には濡れないように薄いビニール袋でカバーする。これも、「一定の時刻に、品質を保った商品（新聞）を届ける」ロジスティクスの一環といえるのでしょう。取材に応じてくださった福井新聞社は、発行部数は約21万部（平成23年4月現在）で、都道府県では県内普及率が78％。県内シェア率は、全国2位を誇る新聞です。同社は「朝6時までに、全世帯に配り終える」ことを命題に掲げています。ニュースを集め、印刷し、チラシと合わせてセットしてなど、刻々と迫る配達終了時間までに、どうやって新聞が購読者宅に届けるのかを追ってみることにしました。

新聞配達と一言で言っても、新聞を作成する「新聞社」、新聞に入れる折り込みチラシを広告主から受け取って取りまとめる「折り込みセンター」、新聞と折り込みチラシを一セットにまとめた

図表３－４　新聞発送の１日の流れ

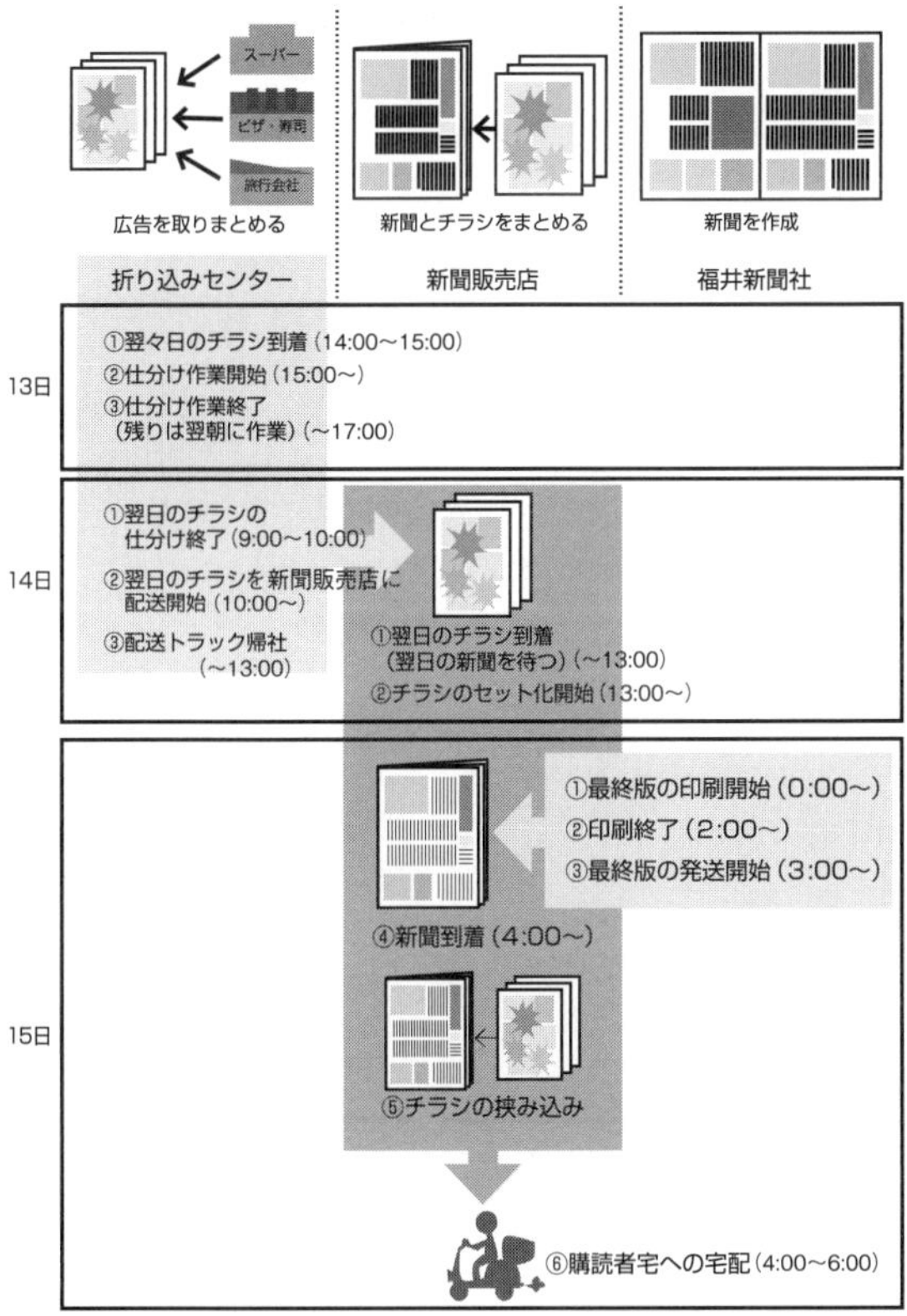

ものを購読者世帯に配る「新聞販売店」という３つの会社が連携をとって、新聞を配達しています。

（２）業種によって異なる新聞の活動時間帯

新聞に並んで購読者の大切な情報源となるのが、折り込みチラシです。あるアンケートによると、「新聞購読者の多くは、新聞の記事よりも広告に関心がある」という結果があります。

新聞配達は、毎日だいたい同じようなスケジュールで作業が進みます（図表３

―4）。ここでは、新聞を届け終わった朝6時以降の「新聞社」「折り込みチラシのセンター」「新聞販売店」の3つの視点から、どのように連携して読者に新聞を届ける作業を行っているかをまとめてみました。

（3） 2日前から始まる折り込みチラシの仕分け

皆さんが朝、新聞を手に取って情報収集をし始めるころには、新聞社や製作に携わる人びとは、翌日の新聞づくりの作業に取りかかっています。その翌日の新聞製作の作業に一番早く取りかかるのは、折り込みセンターです。

折り込みセンターとは、新聞の折り込みチラシを専門に扱う会社です。新聞は紙面を発行するだけでなく、読者に届くまでに、新聞には何種類ものチラシが挟まれています。折り込みセンターの役割は、新聞にチラシを挟みたいと希望する広告主から依頼を受けて、何月何日付の新聞に挟み込むチラシを何部、どこのエリアに配るか、ということを調整します。折り込みセンターの日次業務としては、さまざまな広告を集め、エリア別に必要な枚数分のチラシを、88カ所ある新聞販売店に午前中に配送するのが主な仕事となります（写真1）。そのため、新聞配達で挟まれるチラシは2日前には（印刷会社から）折り込みセンターに到着し、配布前日に、折り込みセンターのスタッフが新聞販売店に配達。新聞販売店は、早朝刷り上がった新聞とセットして、朝6時までに購読者宅に届ける作業を経て、私たちの所に届きます。

折り込みセンターから配達されるチラシは、販売店によっても異なりますが、平均して1日10件程度。チラシの種類は、食品・スーパー関連（20～23％）、ホームセンター・百貨店・電器店（10％）、健康食品や美容品の通販商品（8％）、衣料・医薬品（6～7％）、車（5％）。広告主が購読者層やエリアを想定しながら地域を限定してチラシを入れます。週末に近づくと新築物件や自動車展示場のチラシの挟み込みなどが増え、時期や曜日によってもチラシの傾向はガラリと変わります。

写真1　88カ所ある新聞販売店のエリア分け
88カ所の販売店ごとにエリア分けされた折り込みセンター専用の地図

（4）チラシの仕分け・納品に専念する折り込みセンター

10時過ぎに新聞販売店に翌日分のチラシを届けに行った折り込みセンターのトラックは13時ごろにはセンターに帰着できるように配送します。このとき使う小型トラックは、荷台の3方向が開けられ、どの方向からもパレットを積んだり取り出したりできます。こうしてエリア別に部数が分けられたチラシは、88カ所にある新聞販売店に折り込みセンターが届けます（写真2）。

折り込みセンターでは、昼過ぎから15時までの間に、翌々日の新聞に挟むチラシが広告主（多くは印刷会社）か

写真２　チラシを新聞販売店に配る小型トラック
３方向開閉可能な荷台のトラックにチラシを積み込む

写真３　新聞販売店向けにまとめられたチラシ
１月23日付の新聞に挟むチラシ。2400部を、福井市西木田の新聞販売店に届ける内容の表書きの紙が上に付く

ら届くので、部数ごとに仕分ける作業を開始します。15時が、広告主からチラシを受け取る最終締め切り時間です。

折り込みセンターのスタッフは、届いたチラシの束を、88カ所に配送する枚数分のリストをもとに、手作業で仕分け、明朝トラックで届けられるようにエリア別、配達順に保管しておきます。こうして17時の終業時間まで、午後は仕分け・保管作業に徹します。チラシの量が多く、就業時間までに終わらない場合は、翌朝、新聞販売店にチラシを持って行く時間（午前10時）までに作業を行います。

では、実際にどのように仕分けをするのでしょうか。

印刷会社から届くチラシは、1束2000部単位で入荷します。1枚のコピー用紙に「チラシ配布日」「配布する新聞販売店」「部数」「発信元となる会社名と簡単な広告の内容」の情報が書かれています（写真3）。この情報をもとに、記された内容どおりにチラシをセットし、束にして新聞販売店に納品します。

チラシの部数は、最小50部単位で、数えるのは手作業となります。スタッフが親指の感覚で枚数を数えて仕分けをしています（写真4）。スタッフが2000枚のチラシの束を半分にして、1000枚ずつの束を2つ作っています。親指の感覚は、数枚のチラシの厚さを見分け、ぴったり1000枚にすることができるそうです。

写真4　チラシの枚数を手作業で数える
親指で枚数を数えて仕分けする。たとえば3000部を1束にする場合、2000部の束1つと、1000部の束を作る。1束（2000部）になっているチラシを目分量で2つに分け、2つを並べたときの高さを親指の感覚で1000部にする。500部にしたいときも同じ手法をとる

(5) 新聞販売店では、チラシのセットに大忙し

別の視点から、今度は新聞販売店の1日の作業を見てみます。

13時までに折り込みセンターから新聞販売店にチラシが届くと、新聞販売店が慌ただしくなります。新聞販売店では、私たちがよく目にするよう

写真５　販売店のチラシの挿入機械

な新聞に挟み込まれているチラシのセットを作ります。新聞販売店ではチラシをセットする時間短縮のため、機械を使います（写真5）。

これは、販売店にだけ設置された機械です。1段のスペースに1種類の広告を入れ（最大20種類のチラシのセット化が可能）、機械が自動的に1枚ずつ取り出して、あっという間に私たちが目にするチラシのセットを作ります。

その速さは、10件程度のチラシ1000世帯分だと、約1時間でセットできます。新聞販売店に送られる新聞の部数は平均して約2400部。あとは、翌日配達する新聞が来るのを待つだけとなります。

(6) 寝静まったころに活動する新聞社

チラシの折り込みセンターや新聞販売店で「後は、当日の新聞配達に備えるのみ」という状態になると、次は新聞社の番です。

朝の6時までに購読者宅に配るためには、配達する当日午前0～4時までが新聞社の追い込みの時間といったところでしょうか。午前0時から1時ごろには、下刷りを出して何度か校正作業を重ね、新聞の最終版の編集作業を終えます。編集長のＯＫが出たら、本格的に印刷作業に入ります。新聞や雑誌などの高速印刷に使う輪転機は、新聞８ページ分を一度に印刷できます（写真６）。朝刊の製作時には、輪転機を5台稼働させ、福井新聞社のページ数となる40ページ分を印刷します。印刷する新聞紙は、大きなロール紙を使用します（写真７）。ロール紙は、幅１６２・６㎝、直径１・２５ｍ、全長19㎞、重さ１・４ｔ。福井新聞の朝刊が40ページなので、１ロールで７０００部

写真６　高速輪転機。新聞を高速で印刷する輪転機。1時間に最大15万部印刷する

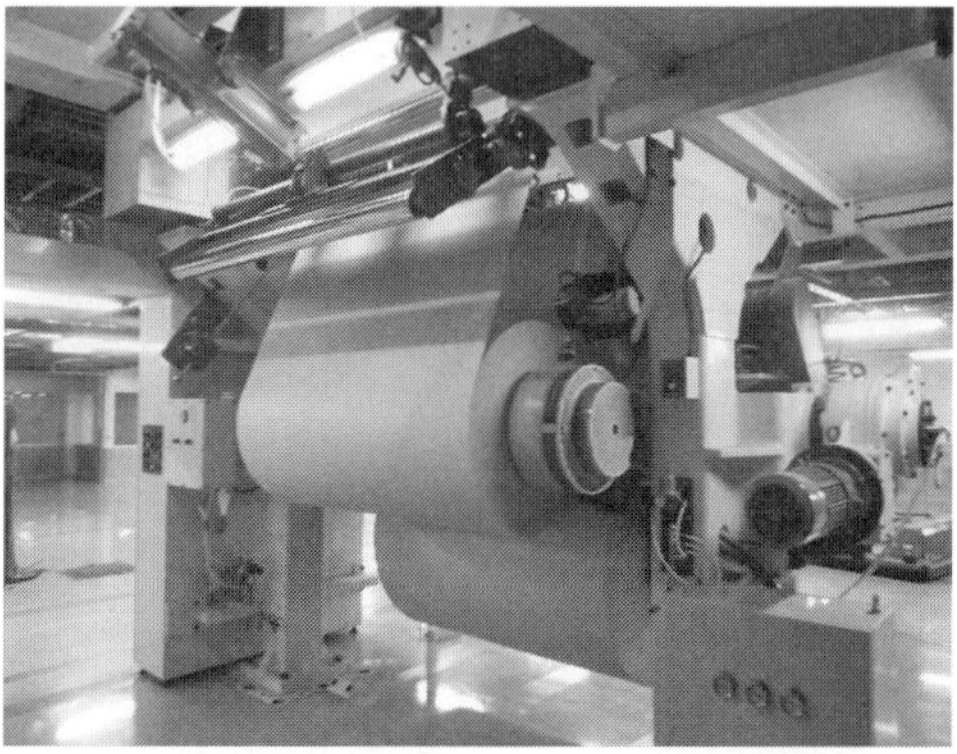

写真７　高速輪転機の地階部分（下からロール紙を巻き上げて印刷する）

写真８　新聞を80部束ねたもの
１束約12kg。作業効率を踏まえて、80部でひとまとめにしている

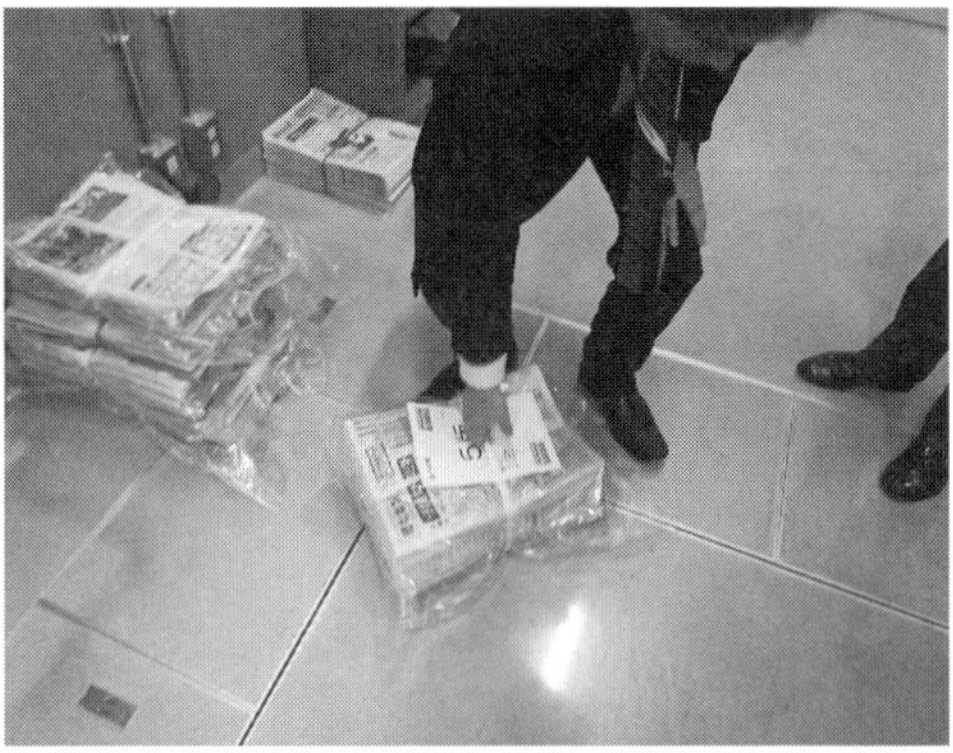

写真９　新聞の行き先別シューター、出口はトラックバースとつながっている
トラックバースは４台分設置。ベルトコンベアーで運ばれた新聞をトラックに積み込む。ベルトコンベアーの出口は、新聞が雨にぬれることなくトラックに入る仕組みになっている

印刷できます。１日の印刷で21万部刷るので、ロール紙30本使用する計算になります。印刷スピードは１時間に最大15万部。約２時間で21万部を刷り上げる時間配分で作業します。

輪転機で印刷が終わった新聞は、紙面の姿、形の体裁をチェックし、部数計測器を使ってまとめます。配送するとき部数を数えるにしても、重さ（１束約12kg）を配慮しても、80部を１束にすると作業効率がいいようです（写真８）。配送先、部数がそろった新聞は、トラックバースまでベル

トコンベアーで移動して、トラックに積み込みます（写真9）。

新聞の出荷は、トラック事業者4社に依頼。現状では、4ｔトラック26台（＝26ルート）を使っています。トラック1台当たり平均約800部（100束）積み込みます。東京や各地方へは、鉄道輸送や航空貨物便を駆使して輸送します。

（7）新聞とチラシをセットして購読者宅へ

新聞販売店に新聞が届くと、すでに1部ずつセットしてある折り込みチラシと新聞を1つにまとめて、購読者宅に配達します。予定では朝4時ごろに新聞社から新聞が届くというスケジュールですが、もちろん、早く届くときは、その時間に準じて購読者宅にも早く届けることができます。最後の届け先でも、朝の6時まで。これは譲れない時間だそうです。

新聞販売店は、新聞を配り終わって一安心するのもつかの間。3～4時間後の10時までには折り込みセンターで翌日のチラシの仕分けが終わり、新聞販売店に届けられます。

新聞販売店は、新聞が届いてチラシを挟み込み、配達が終わったら、翌日のチラシが到着して、チラシをセットします。配達し終わってホッとしたときには、翌日の仕事が始まるときなのです。

（8）ライフライン確保に備え、2系統準備

新聞社は「地震や事故が起こっても、何がなんでも朝6時までに購読者のもとに新聞を届ける」

写真10　ロール紙の保管庫
災害時や緊急時に備え、ロール紙は2.5日分ストックしている

ということが大命題。そのため、新聞社内にある印刷工場は、M７・８までの地震に耐えられるように機械を設置し、ロール紙は最低２・５日分ストックしています（写真10）。また、電気系統の不調に備えて、ラインは必ず2系統あります。故障に備えて、40ページの新聞の印刷に必要な輪転機5台を、あえて2セット分の計10台を設置。輪転機は安全を考慮して、非常時には直ちにストップし、紙が自動的に裁断するよう設計されています。

輪転機以外の機械も、日ごろから交互に利用しています。使う機械には「当番機」という札を掛け、同じ頻度で機械を使うように配慮しています。ただ、電気が流れずに停電になってしまったら、印刷業務はストップしてしまいます。そのときは、自家発電機（１０００ＫＶＡ）に切り替えて運転します。予備や万が一という対策を取って緊急時の備えをしています。

〈ロジスティクス学⑦〉

商品管理のための流通加工（販売促進加工）

新聞と折り込みチラシの輸送の特徴

毎朝、読者の家に届けられる新聞。もしも朝起きて新聞が届いていないと、気が抜けてしまい1日が始まらない。もう1つ重要なのが、折り込みチラシである。スーパーや家電量販店の特売品や、衣料品のバーゲン情報が満載されているチラシが気になる人は多い。人によってはチラシが少ないという理由で、新聞を換える人もいるようだ。チラシと一緒になってこそ、新聞の付加価値が高まり、読者の心をつかんでいる。

新聞と折り込みチラシのロジスティクスは、2つの特徴がある。第1は、新聞にチラシを折り込む作業である。広告収入と読者獲得のための販売促進のためでもある。第2は、読者に対して時間厳守で届けることである。

販売促進加工の種類と内容

第1の特徴である折り込みチラシについては、印刷されてから新聞に挟み込まれるまでには、販売店ごとにチラシの数をそろえたり、チラシを新聞に折り込む作業がある。これも、流通加工機能のうちの、販売促進加工ということになる。

販売促進加工とは、前節で述べたように、商品や製品を直接変化させないが、組み合わせたり詰め合わせたり、貼付したりするものである。

ここで紹介した新聞の折り込みチラシのセット化も、新聞挟み込みという組み合わせ作業によって、読者に届ける新聞が完成する。他の例では、野菜を良品と不良品に選別してから、ＬＭＳなどのサイズ別に箱詰めする作業がある。外国から輸入したコーヒーカップを検査してから、皿を組み合わせてセットにして詰め合わせたり、セーターの値札を付けたりする作業がある（図表3―5）。

時間厳守のための時間差配送

第2の特徴が、時間厳守である。新聞にはできるだけ最新の情報を記事にしたいから、締め切りギリギリまで記事を変えていく。となると、新聞の印刷工場から発送する時間は、遅れ気味になる。一方で、毎朝楽しみに新聞を待っている人がいるのだから、時間通りに配達できるように販売店に届けたい。そこで、販売店には、時間ギリギリに到着することも多い。

一方の折り込みチラシは、毎日折り込みセンターで、読者に届ける2日前（前々日）に、指定された枚数のチラシを取り出し、販売店別に発送できるよう仕分けている。

この両者の時間差があるから、新聞と折り込みチラシが別々の時間帯に、それぞれ新聞販売店に配送されていくのである。

「神ワザ」が存在する流通加工

流通加工は、とても手間がかかるものである。野菜の品揃えは作業員の手で仕分けられるし、コーヒーカップの検査も人の目によって検査されることが多い。飲み物に異物が混入しているかどうか確かめるのも、人の目に頼ることが多い。

ここで紹介した新聞の折り込みチラシの仕分けでは、親指で紙の厚さを確かめている。新聞であれば「紙ワザ」となるかも知れないが、流通加工にはしばしば「神ワザ」が存在するのである。

図表3－5　販売促進加工の種類と内容

(1)	新聞の折り込みチラシのセット化・新聞挟み込み
(2)	野菜の選別・品揃え・箱詰め
(3)	携帯電話のマニュアル挿入
(4)	陶磁器食器の検査・番号貼り・組合せ・詰合せ
(5)	化粧品の検品・ラベル貼り・詰合せ

3　熱い思いを届けるビールの輸送

(1) 鮮度管理と保管技術を追求したビール工場

夏は「暑いから一杯！」、冬は「鍋と一緒に一杯！」。季節を問わず「とりあえず一杯！」と、大人から愛される飲み物のビール。ビールづくりには、綺麗で美味しい水が欠かせません。今回訪れたビール工場は、キリンビール横浜工場。首都圏近郊に供給されるビールは、横浜で作られています。〝首都圏に、工場にするほどの大きな敷地を持ってビールを作るなんて、地価が高くて大変そう〟と思いきや、品質や輸送などのコスト面を考慮すると、供給地の真ん中に拠点を作って配る方が、効率が良いのだとか。首都圏は横浜で生産していますが、たとえば名古屋以西でいうと名古屋や神戸、福岡という場所に工場があります。

ビールの作り方を知りたいところですが、製造法は企業秘密ですので、ここでは製造したビールの保管や輸送などの物流について、ご紹介したいと思います。

(2) 大都市に近い、敷地の広いビール工場

東京と横浜の中間辺りの鶴見（横浜市）という場所に、キリンビール横浜工場があります。敷地面積は、約20万4０００㎡。東京ドームの広さに換算して、約4・3個分に匹敵します。このうち

図表3－6　商品概要

物流系統	カテゴリー
ドライ物流	《対象》 ビール（チルド製品除く）・発泡酒・新ジャンル・RTD・清涼発泡飲料の壜・缶・大樽製品 
和洋酒物流	《対象》 ウィスキー・ブランデー・リキュール・焼酎・中国酒等 

資料提供：キリンビール

倉庫の建物は3階建て。1階は、瓶・缶・ペットボトル類の保管場所。2階は、無人フォークリフトや無人搬送機を導入して商品を保管する倉庫、会議室。3階は、大樽の保冷庫があります。生産しているのは、ビール以外に発泡酒や「新ジャンル」と呼ばれるビールや発泡酒以外の醸造酒。最近ではノンアルコールビールの部類に属する「ビールテイスト飲料」と呼ばれる商品なども人気です（図表3―6）。

横浜工場の年間生産量は、45万kℓ。350mℓ缶に換算して、5360万箱に相当します。容器別の製造構成比を見ると、缶が73%、樽が19%、瓶が8%となります。

2008年の7月実績から、横浜工場でのビールの出荷状況を見てみましょう。

トラックでの出荷台数は、5686台。飲食店などへの納入した取扱量は約348万ケースとなっています。これは1日に換算すると、1台のトラックで

図表３－７　商品の受注から発送までの１日の流れ

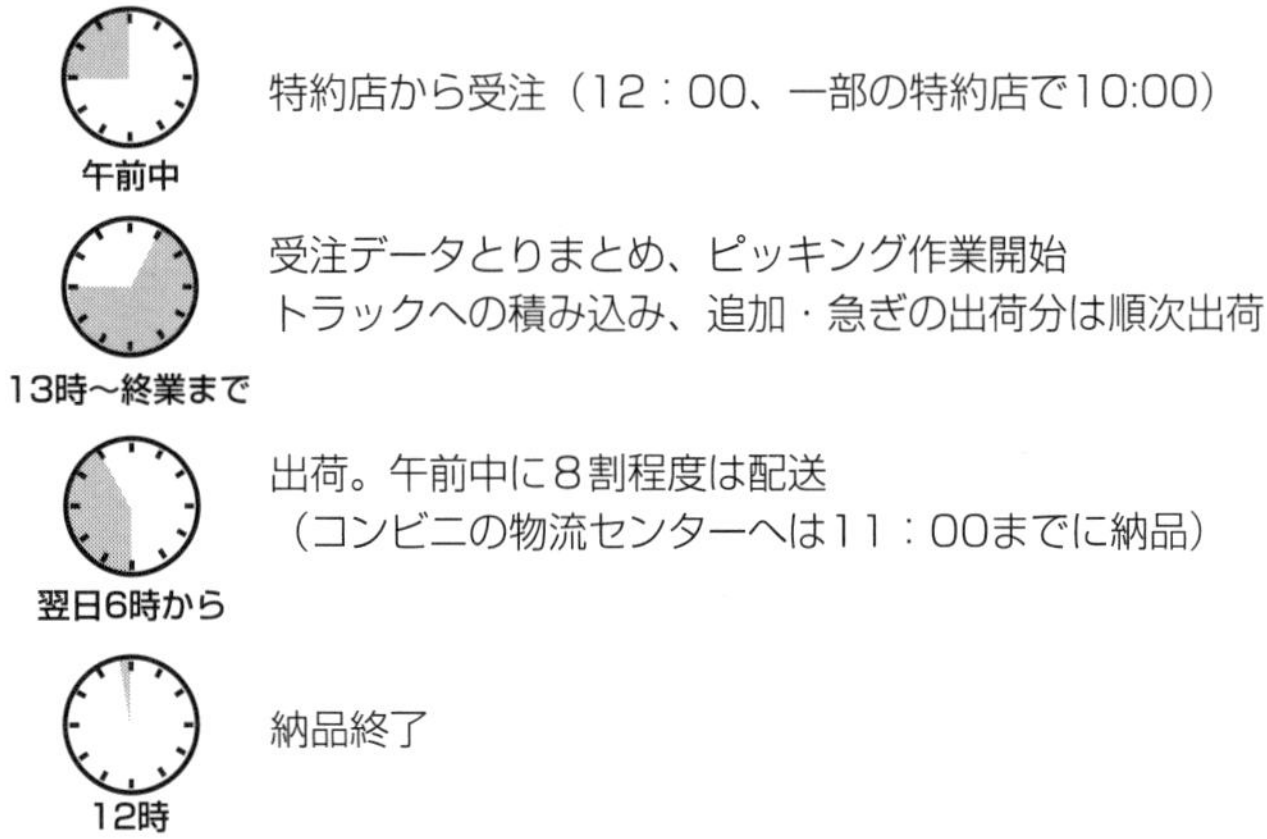
午前中
特約店から受注（12：00、一部の特約店で10:00）
13時～終業まで
受注データとりまとめ、ピッキング作業開始
トラックへの積み込み、追加・急ぎの出荷分は順次出荷
翌日6時から
出荷。午前中に８割程度は配送
（コンビニの物流センターへは11：00までに納品）
12時
納品終了

６１１ケースのビールを運ぶ計算です。出荷先は神奈川県全域と、東京都の８割（主に西部）、山梨県全域と、静岡県の一部（大井川から東部）の１都３県。約２００カ所の配送先に商品を納めます。

横浜工場では、約１３０人のスタッフが、毎日交代で作業に従事しています。

特に忙しいのは午後。正午に特約店からの発注を締め切り、受注データをまとめ、出荷伝票やピッキングリストを作成します。工場内では、ピッキングリストをもとにピッキングを開始。トラックに積み込みます。追加・急ぎの商品は早急に積み込んで配送。そうでない出荷待ちの商品は、翌朝の6時に出荷開始。コンビニエンスストアの物流センターへは午前11時に納品するなど、約8割の配送先は午前中に、配送をします（図表3―7）。

(3) できたてホヤホヤのビール保管

横浜工場の製品を保管する倉庫床面積は、約３万

6000㎡。聞いただけでは想像もつきませんが、350㎖缶が144万ケース、パレットにして約1万5000パレット収納できるスペースになります。パレットには商品となるビールを載せて、3段、4段とパレットを積み上げて保管していきます（写真1）。

ラガービールの大びんは、1つのパレットに24ケース積みつけが可能。大びんを入れるラックは非常に硬くて安定しているものなので、積み上げが4段までできます。1つのパレットに、350㎖缶は72ケース、500㎖缶は56ケース積みつけが可能。缶のパレットを積み上げる段数は3段まで（図表3—8）。耐荷重、安全性の面でも、瓶と缶の積み上げられる高さは変わってきます。重量があるため、床の耐荷重は2・5t／㎡に設定しており、柱以外にも支柱を使って施設の強度を高めています（写真2）。

通常、瓶や缶に入ったビールや発泡酒、新ジャンルなどの商品は、常温で製造・保管します。在庫期間は、平均で5日～1週間を想定して製造、保管しています。

置き場所はどのように決めているかというと、よく売れて在庫が回転する商品を出荷バースに近い場所に置き、在庫になりやすい商品を奥のスペースに保管しています。

写真1　瓶はパレットに4段積み、缶はパレットに3段積みで保管。ビールを入れる容器によっても積み上げられる高さが異なる

図表3－8　パレットに積めるビールの量と段数

製品の種類	1つのパレットに積載可能なケース数	積み上げ可能な段数
ラガー大びん633ml	24ケース	4段
ラガー500ml	56ケース	3段
ラガー350ml 缶	72ケース	3段

写真2　耐震性補強のために、等間隔で支柱がいくつもある。写真では右の四角い柱の後ろにある丸い柱が支柱

(4) 4日で入れ替わるビール樽の在庫

常温保存の商品とは別に、業務用の大樽を保管する保冷庫もあります。大樽保冷庫の床面積は、約3300㎡。15ℓの樽が最大11万2000本収納できるスペースです。保冷庫内の温度は、7度で管理。大きな樽が林のように立ち並ぶ姿は非常に壮観ですが、これでも4日分の在庫しかないそうです（写真3）。

写真3　保冷庫内の業務用の大樽（7・15・20ℓ）のビール。この量でも4日間で1回転してしまう

ビール工場の保管庫で活躍するのは、人だけではありません。無人のフォークリフトや保管場所まで自動でパレット4つを搬送できる台車のような輸送機器（マテリアルハンドリング機器＝マテハン機器）も活躍しています。

物流の業務の効率化を図るために用いるマテハン機器というと、ここ10年くらいで普及した感があります。導入の目的は企業によってさまざまありますが、マテハン機器の導入のメリットとして①長期的な作業員の人件費削減を見据え②安全性③正確性④作業効率の向上――などが挙げられます。同社のビール工場は、稼働当初から物流業務を遂行させるマテハン機器を導入。前述のように、工場で製造されたビールを

写真4　ＡＧＶ（Automated Guided Vehicle）と呼ばれる無人輸送機器。パレットごと保管庫まで運ぶ

写真5　無人フォークリフトのＡＧＦ（Automated Guided Forklift）。ＡＧＦは出荷指示にもとづいて、ピッキングを行う

パレットのまま保管庫まで運ぶＡＧＶ（Automated Guided Vehicle）（写真４）。ＡＧＶで保管庫にきたパレットを１パレットずつ、保管場所の定位置に積みつけたり取り出したりするＡＧＦ（無人フォークリフト）もあります（写真５）。

(5) パレット単位でピッキング

１日のスケジュールで「12時00分に受注を締め切ってデータをまとめたら、ピッキング作業を開始。終了後は、ビールをトラックに積み込む」と書いたように、通常は翌朝６時に出荷し、午前中に配送先に商品を納品します。取引先からの注文は、パレット単位が基本となります。パレット単

位の積載となると、大型の10ｔトラックに16～18パレットほどになるビールを積み込んで、出荷することになります（写真6）。

(6) 特約店を介してビールを出荷

いよいよビール工場からの出荷です。ビールが消費者の手元に届くのも、あと一歩です。1パレットには大瓶だと24ケース、350㎖缶だと72ケース、500㎖缶で56ケースに該当すると、前に書きました。〝一般の酒屋が個別に注文するのにパレット単位でなんて、そんな大量に注文できるのか？〟と思われる方もいるかもしれません。料飲店や酒類を取り扱う小売店には、「特約店」という強い味方がいます。特約店は、料飲店や小売店の注文を取りまとめ、ビール工場に注文します。そして、特約店が商品を受け取ったら、料飲店や小売店に配送します。特約店は、いわば〝酒の卸売業者〟です（図表3―9）。そのためビール会社は、基本的に特約店へ大型車両での配送を基本としています。ただし都市部の一部では、特約店に代行して小型車両で小売店へ配送している例もあります。

ビール工場は、特約店から注文があった商品の銘柄と数量を特約店に配送します。正確には、工場から特約店が運営する物流センターへ配送すると言った方がいいでしょう。特約店は、自社の物流センターから料飲店や小売店などに商品を運び、最終的に消費者の手に届けます。量販店やコンビニエンス・ストアなど大口取引先の場合は、商流だけは特約店を介して、商品（物流）は工場か

写真６　大型の10ｔトラックに16～18パレット分のビールを積み込み、翌朝出荷。注文を受ける場合は、パレット単位。トラックにはパレットに載せたまま積み込む

図表３－９　キリンビールの配送の流れ

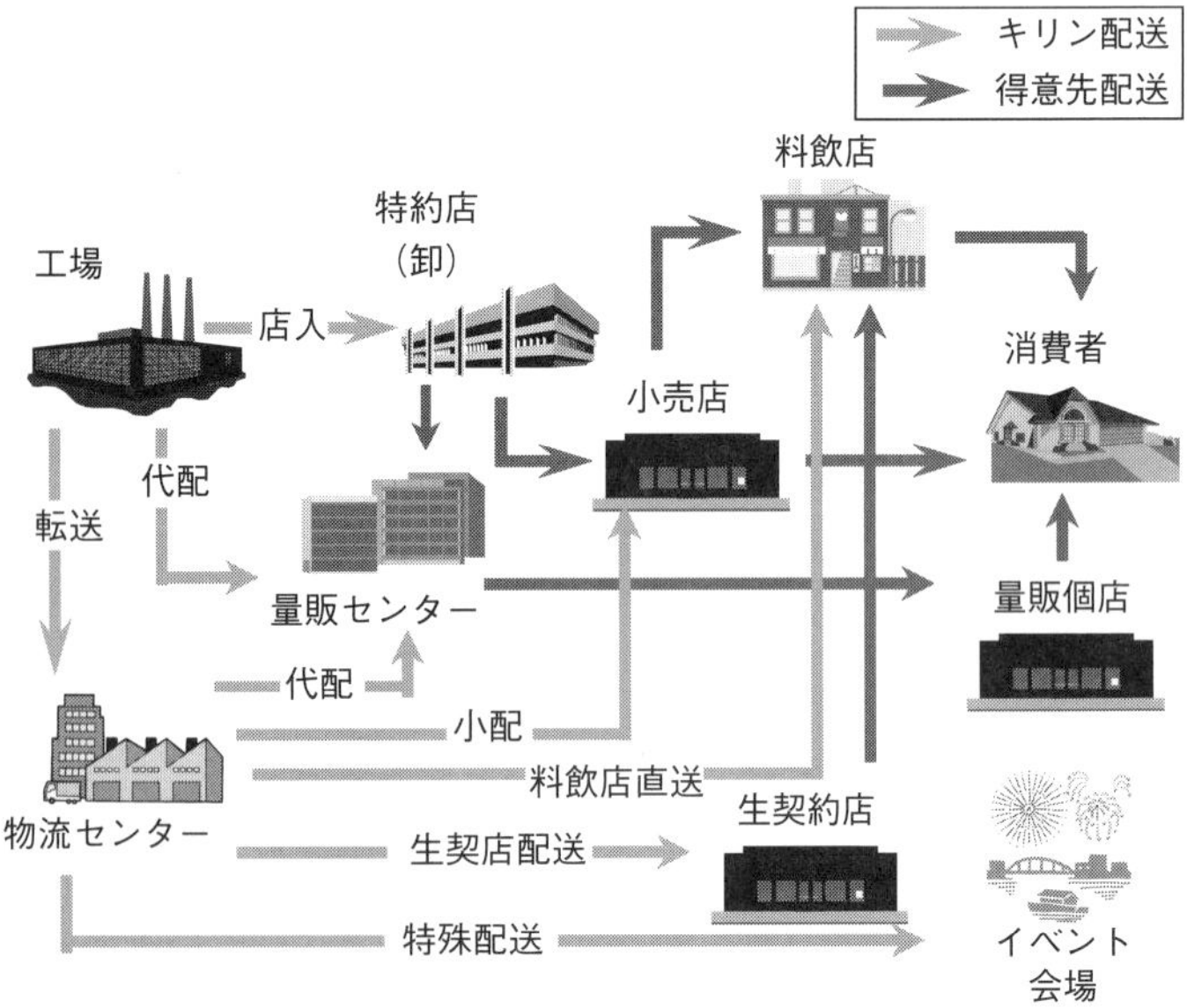

資料提供：キリンビール

ら直接、量販店の物流センターに配送することもあります。最近では大口取引先の取引が増加し、工場から量販店の物流センターへの納品も増えてきているそうです。

(7) 電光掲示板で出荷確認

ビールの輸送はキリンビールのグループ会社のキリン物流が窓口となり、提携するトラック事業者に配送を委託します。提携するトラック事業者は、約40社。繁忙期のお中元お歳暮の季節になると、提携先以外のトラック事業者にもお願いして運ぶことになり、トラックの往来が激しくなります。

出荷にあたるドライバーは、キリン物流の担当者からトラックの停車場所と到着時間の指示を受けます。そしてドライバーは、定刻になったら指定の場所に行き、商品を積み込みます。トラックが停まる場所の天井には、電光掲示板のようなものが設置してあるので、ドライバーは掲示板の情報（トラックナンバー、出荷するパレット数など）を確認して出荷作業に当たります（写真7）。

写真7　トラックバースに設置されたドライバー用の掲示板。何番のトラックバースに、パレットがいくつ、という情報が表示され、ドライバーは確認しながらビールを載せる

〈ロジスティクス学⑧〉

包装機能と輸送具

ビールの包装資材と運搬容器

ビールには、缶ビールと瓶ビールと大樽がある。各製品とも、工場から特約店に出荷されるときは、パレットに積まれる。

瓶ビールは、繰り返し使用されるリターナブル瓶であり、プラスティク製のビールケースで出荷される。缶ビールは350mlと500ml入りで、1パック6本入りの紙パックが4パック入っている製品（24本）と、1ケースに24本入り（紙パックされていない）の製品がある。前者は、主にスーパーなどへ出荷されて、紙パック単位で販売されている。後者は、1本単位での販売が多いコンビニや、24本のケース単位で販売するディスカウントストアなどに出荷されている。

このとき、6本入り紙パックや24本入り段ボールの箱が包装である。そして、ビールケースは運搬容器、パレットは輸送具と言われている。

包装機能

包装機能は、大きく工業包装と商業包装と分けることができる。

工業包装とは、商品を保護する役割があり、電気製品で言えば、商品を衝撃から守る外側の段ボール箱を外装といい、発泡スチロールなどを用い箱の内部で商品を保護するものを内装という。

商業包装とは、商品価値を高めるもので、商品を組み合わせて贈答品セットに箱詰めしたりする。クリスマスプレゼント用に包装紙にくるんだり、リボンをかけることを個装という。

このように包装の大きな役割は、主に商品の保護と高付加価値化であるが、もう1つ別の意味もある。

たとえばデパートで商品を買うと、必ず包装紙で包んでくれて、最後に社名の入ったテープで留めている。これは、包装紙に包むことで、販売した商品であることを証明しているのである。加えて包装紙に1カ所だけ貼られる社名入りのテープも、同様である。つまり、包装紙とテープで、2重に商品の販売を証明しているのである。逆に言えば、デパートの包装紙だけを顧客に渡すことは、決してない。

運搬容器のビールケースと輸送具のパレット

段ボール箱入りの缶ビールと違って、瓶ビールは20本入りのプラスチック製のビールケースに収められている。このように、ビールケースやパレットは、輸送具と呼ばれることもある。

身近な輸送具には、コンビニのおにぎりやサンドイッチを運び入れるときのプラスチック製の箱があ

図表3－10　包装機能の種類と内容

① 工業包装（商品を保護する外装と内装）
(1)　ビールの箱詰め
(2)　野菜の選別・箱詰め
(3)　鮮魚の選別・箱詰め・氷入れ
(4)　洋品の値札付け・消し値札・品揃え・梱包
② 商業包装（商品価値を高める個装）
(1)　コーヒーのギフト包装・リボンかけ
(2)　ハンカチやタオルの折りたたみ・袋詰め・包装
(3)　クリスマス用の包装とリボン
(4)　お中元・お歳暮・お年賀ののし紙

る。この箱はクレートとかコンテナと呼ばれているが、これに入れて運べば、おにぎりやサンドイッチがつぶれることがないため、運びやすさとともに、商品の保護も兼ねている。

コンテナといえば、港で見かける輸出入用の海上コンテナ（長さ40フィート）がある。また、鉄道コンテナ（長さ12フィート）は鉄道貨車に載せるものである。飛行機に載せるコンテナは、飛行機の胴体に合わせて、角が斜めになっているものもある。このように、運ぶ交通機関によって、コンテナも異なっている。

サイズの標準化による利便性

日本のビール瓶やビールの缶の大きさは、統一されている。瓶であれば、350cc、500cc、633ccなどである。缶も350ccと500ccで、各社共通となっている。これは、酒税法の適用にあわせて、昭和19年に統一された。

なお容量は統一されたものの、瓶の形状はキリンビールのみが独自の瓶であり、他の3社は共通の形の瓶を使用している。

ビールだけでなく、缶コーヒーも同様である。缶飲料であれば、250ccと350cc、ペットボトルだと、500ccが一般的である。これも生産各社で共通している。容器が標準化されているからこそ、自動販売機で各社の製品を一緒に売ることもできるし、季節や売れ筋によって容易に商品の入れ替えができるのである。

飲料業界では、ケースの大きさに合わせたパレット（900×1100㎜）を使用しており、わが国の標準パレット（1100×1100㎜）とは異なる。よく「標準パレットを使用すべき」と言われているが、単品1個の大きさが標準化されていれば、半ダース、24本ケースの大きさも決まり、自ずとパレットの大きさも決まる。瓶や缶の大きさを標準化することで効率化したため、飲料業界は独自のサイズのパレットを使用するようになったのである。

飲料業界とは逆に、サイズが最も標準化されていない業界は何だろうか。おそらくは、化粧品業界ではないかと思う。ある化粧品業界の人によれば、「我が社の化粧品のサイズは、1㎜ずつ高さが違う」とのこと。銘柄を区別できるラベルさえあれば同じ容器でも気にならないビールと、容器のデザインがマーケティング戦略となってブランド価値を高めている化粧品では、事情が異なる。

こうしてみるとビールや缶コーヒーのように、サイズや容器の標準化は、容器が市場競争とは無関係で、かつ物流効率化につながるのであれば、自ずと進むことだろう。しかし、化粧品の容器のようにマーケティング戦略に直結していれば、たとえ同じ会社でさえ、容器の標準化は不可能かもしれない。

第4章

くらす（都市の大型施設）

1　5万人の飲食物を供給するスタジアム

(1) 楽しい空間、スタジアムの舞台裏

大勢の人が集まる都内の多目的スペース「味の素スタジアム」。東京ドーム約4個分に匹敵する敷地総面積約1万7000㎡のなかには、サッカーゲームやコンサートなどが繰り広げられるメーンスタジアムをはじめ、フットサル会場に使用されるフィールド、スタジアム脇の広場などがあります(写真1)。

とかく、スタジアムでの主役は、来場者から注目を浴びるサッカー選手だったりコンサートを披露するアーティストだったり、究極を言えば〝来場者が一番の主役〟となります。サッカー観戦になくてはならない応援グッズやビール、おつまみなどの飲食物の流れは、影をひそめがちになります。しかしながら、来場者に楽しい時間を過ごしてもらうため、スタジアムの舞台裏では見えない工夫や段取りが、いろいろと施されています。今回は、スタジアム裏の物流について、ご紹介します。

(2) 年間入場者数は150万人超

味の素スタジアムは、東京都調布市にあります。新宿から西に15㎞ほど、多摩川を渡れば川崎市

となる東京都と神奈川県の境に位置しています。都内だけではなく神奈川県や首都圏近郊の県から、毎回多くの観客が訪れます。平成22年度に開催されたJリーグを参考にすると、年間30回開催されたゲームに来場した入場者数は、41万5000人。メーンスタジアムとなる味の素スタジアムの平成22年度の入場者数は、115万人（アメフトやソフトボールのゲームなど含む）。また、昼夜・平日を問わず、フットサルやスタジアム周辺のレストランの利用を含めると、総入場者数は156万人になりました。

写真1　メーン会場の「味の素スタジアム」。観客が5万人収容できる

(3) 余念のない段取りとセキュリティー

味の素スタジアムを管理・運営するのは、東京都の外郭団体となる株式会社東京スタジアム。つまり、東京スタジアムがネーミングライツ（施設の命名権）を導入し、味の素株式会社と契約を結び、スタジアムの命名権を与えています。

サッカーゲーム、コンサートなどのイベント当日に必要な飲食物やセットなどが、どのように運ばれるかというと、約10日前から必要なものを調達・準備する段取りが始まります（図表4―1）。

東京スタジアムは、ゲーム当日の10～11日前と3～4日前

図表4－1　イベントに向けたスケジュール

時間的経過	会社の動き	作業内容
10～11日前	東京スタジアム→売店	来場者数を知らせる
3・4日前	東京スタジアム→売店	来場者数を知らせる
3・4日前～イベント開催日	売店←→仕入れ業者	売店スタッフが、イベントで使う飲食物を仕入れ業者に注文。後日、仕入れ業者が売店に商品を届ける
イベント開催日～約1週間後	東京スタジアム→管理委託会社	ゴミの分別、廃棄

図表4－2　オーダーの図式

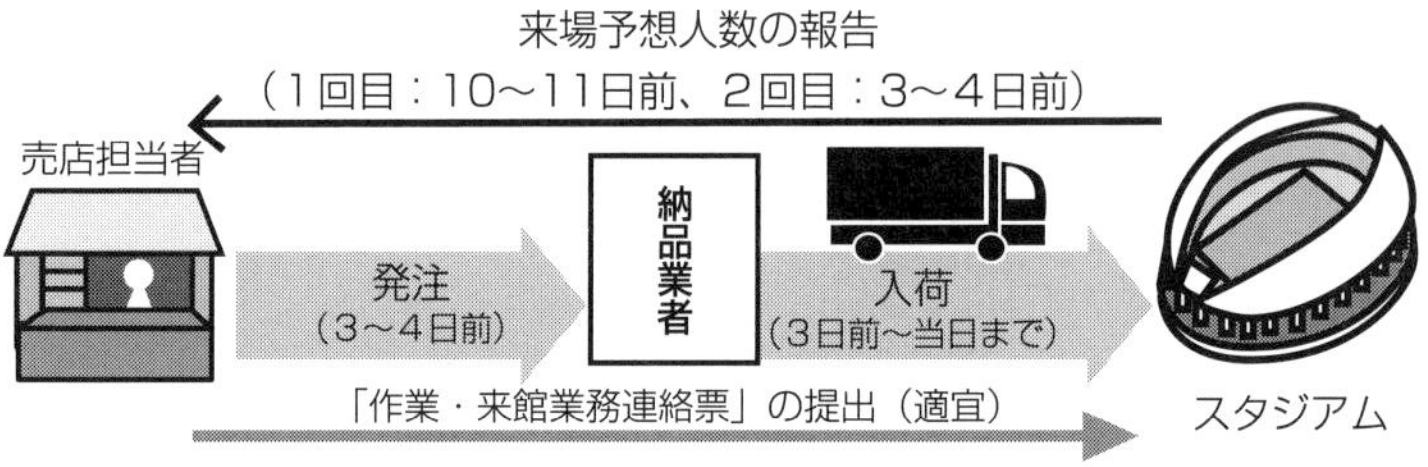

の2回に分けて、（サッカーなどの）イベント主催者側に来場予想人数を確認します。主催者側から人数を教えてもらうと、今度はスタジアム内もしくは周辺の売店・レストラン担当者に当日の来場予想人数を知らせます。

予想人数の情報を受けた売店・レストラン担当者は、飲食物を仕入れる業者にゲーム当日の3～4日前、商品を発注します。注文を受けた業者は3日前～当日までに、スタジアムに商品を入荷することになります（図表4―2）。

納品業者がスタジアム内に入るとき、もちろんのことながら、スタジアムのスタッフの了解を得ないと中には入れず、商品を納品できません。そのため、売店担当者は「こういう業者が、どういう作業のため、何月何日の何時ごろ来ます」という連絡票を作成し、スタジアムのスタッフに渡しておきます。スタジアムのスタッフは、その情報を基に、スタジアム内に入る納品の貨物車を管理します。納品当日は、車の出入り口の守衛さんに連絡票を渡し、セキュリティー確保のため、搬出入する車のチェックを行います。

セキュリティー面では、ほかにも厳しい取り組みがあります。それは、イベント開催時の館内警備です。警備は、主催者が契約する警備会社のガードマンがスタジアムの各所に配置されます。イベント当日は、東京スタジアムの職員などスタジアム関係者といえども、エリアによっては立ち入り禁止区域になることもあります。スタジアム関係者は、警備会社から与えられた通行証をガードマンに見せることで、立ち入り禁止区域への進入が許可されます。もし、通行証を携帯しておらず見せられなかった場合は、東京スタジアムの職員でもオフィスに入れないそうです。

(4) 8つの売店、2基のエレベーターがフル稼働

メーンスタジアム内に設置されている売店の数は、8店舗(平成24年3月現在)。各売店の倉庫は、1階部分にあります。各売店は倉庫を賃借して、食材の保管や納品場所として活用します。イベント数日前は売店が閉まっているので、納品業者は商品を倉庫に保管・検品して帰ります。

イベント前日。売店によっては、当日のための仕込み作業が必要になります。サッカーの試合の

写真２　メーンスタジアム3階にある売店。スタジアム周辺の敷地内には、売店やグッズ販売店などが立ち並ぶ

場合は、試合開始前とハーフタイムの2つの時間帯に来店するお客さまが集中します。売店では、お客さまに迅速に、かつ、過不足なく飲食物を提供するためメニュー構成を考えて、事前に調理した商品と、売店内で調理する商品のバランスを取って加工し、飲食物を提供します。

いよいよイベント当日。メーンスタジアム内の8つの売店は、観客席がある3階にあります（写真2）。イベント当日は、スタジアム内にある業務用エレベーター2基を使用して、3階の売店と1階の倉庫を往来します。3階は、バックヤードの動線がないため、お客さまが行き交うなか、台車を引いて売店に向かいます。エレベーターから遠い売店には、運び込む時間がかかってしまうので、迅速に商品を売店に運び込むためにも、なんとか時間短縮を図りたいという思いもあるのだそうです。

イベントで心配なのは、当日の天候。もしもイベント当日に雨が降ったら、どうなるでしょうか。もちろん、来館者の人数にも多少なりとも、影響してきます。飲食物の注文数の増減も同様です。売店では冷凍食品や調理済みの食品などを利用して、売り切れや売れ残しを極力抑えられるように工夫しています。天候だけではなく、開始時間やイベントの内容（コンサートかサッカーか）に

よっても、売れ行きが変わります。売店での迅速で間違いのないサービスをするためにも、食べ物と飲み物をセットにしたものをいくつか取りそろえ、「Aセット」「Bセット」というように、簡単にオーダーが取れるような販売方法を導入するなど、売店での迅速、丁寧な注文の取り方を工夫しています。

(5) イベント後も忙しいスタジアムの物流

イベントが終わると、売店で提供した飲食物の容器やペットボトル、残飯などの廃棄物が、山のように出ます。

1試合のサッカーゲームで出るゴミの量は、約2t。来場者数によっても振れ幅はありますが、一度に出るゴミの量は、なかなかすぐには片付きません。

味の素スタジアムでは、ゴミの分別を業者に依頼しています。忙しいときは、15人で1週間ほどかけて分別。ゴミは、回収専門の業者が引き取りに来ます。

ゴミの分別作業で大変なのは、夏場です。夏場は来客者の人数も多く、ゴミがたくさん出る上に、ともすると異臭を放ったり虫が寄ってくる可能性があります。イベント当日に向けて、物が徐々に入ってくるときとは逆に、いかに大量の物(ゴミ)を短期間でスタジアムから出すか、ということが求められます。

写真３　天然芝は、１カ月に約１ｔのペースで芝を刈り、最終的には堆肥として再利用する

(6) 選手の足元支える〝芝〟の物流

サッカーの試合で観客が見るのは、選手のプレー。芝はあまり注目を浴びる機会がないものかと思われます。ですが、芝は選手のプレーを支え、勝敗を決める大事な要素になるものでもあります。整備不良のグラウンドに足を取られたということがあっては、大変です。

芝（フィールド）は、手入れする〝グラウンドキーパー〟と呼ばれる職人が居ます。芝のコンディションで選手のプレーに悪影響を及ぼさないか、両チームとも最高のプレーができる環境か、プレー中はハラハラするものだそうです。

味の素スタジアムの天然芝フィールドは、たて71ｍ×よこ１０７ｍ。面積にして約８３３０㎡。天然芝フィールドとしては、国内最大級の面積となります。芝の管理は、グラウンドキーパーと年間契約を結び、メンテナンスを委託しています（写真3）。

１年間に刈る芝の量は、約１１・２５ｔ。１カ月に１ｔ弱の芝を刈っている計算になります。

刈った芝は、15kg程度を一袋にまとめて保管。一定の量になったら、リサイクル工場に引き取ってもらいます。最終的には堆肥《たいひ》（芝や落ち葉などを腐らせて作る肥料）にして、資源を再利用しています。

〈ロジスティクス学⑨〉

ロジスティクスの品質とJIT

イベントのロジスティクス

ロジスティクスという用語には、準備や手配という意味もあるので、会議の食事の手配やパーティの準備もロジスティクスである。だからロジスティクスのプロは、宴会の段取りが上手ということになる。しかし宴会となれば、あらかじめ出欠をとるので、準備もどれほど難しくはない。それよりも難しいのは、何人くるか分からないときのロジスティクスである。

味の素スタジアムで紹介したように、大きなイベントを開き、何人来るのか、どんな人が来るのかを予想して準備することは、至難の業なのである。とりわけ、屋外のスポーツイベントともなれば、来場者数は天候に左右されるだろうし、用意すべき飲み物も気温によって変わってしまう。暑ければ生ビール、寒ければコップの日本酒ということもある。これに加えて、イベントの開催時刻までに、すべてを準備しておかなければならない。

だから、イベントのロジスティクスは難しい。

ロジスティクスの5R

ロジスティクスでは、5Rという言葉がある。ロジスティクスの目的は、「顧客のニーズに合わせて、必要な商品や物資を、『適切な時間に・場所に・価格のもとで、適切な品質と量』を供給すること」ということから、ロジスティクスの5R（Right Time, Right Place, Right Price, Right Quality, Right Quantity）という。この5つのRに、適切な製品（Commodity）や適切な印象（Impression）などを入れて7Rということもあるが、基本的な考え方は同じである（図表4―3）。

たとえば、「空腹のときに、自分の手元に、高くもなく安くもなく、賞味期限内で、空腹を満たせる量」のサンドイッチが欲しいのである。これを実現することが、ロジスティクスの目的なのである。もしも空腹なのに、昼食時間にサンドイッチが届かなかったら、腹ペコのまま午後の仕事に出かけなければならない。だから、時間にはとりわけ正確性が要求される。

開催時刻に間にあわせるＪＩＴ

時間にあわせて生産したり配送することを、ＪＩＴ（ジャスト・イン・タイム＝Just In Time）システムという。

生産現場のＪＩＴでは、必要な部品を必要な量と品質のもとで工場に届けることで、必要な量の製品を生産することができる。流通現場のＪＩＴでは、販売先のニーズに合わせて、必要な商品を必要な量と品質のもとで、適切な場所と時刻に供給することである。

すなわちＪＩＴは、生産効率や在庫管理さらには積載効率まで含めて適切な刻を指定することから、無駄な在庫がなくなり、ロジスティクスの効率化が実現するということになる。

イベントのロジスティクスにおいても、開催時刻までに商品を届けて、食事の手配や飲み物の準備を完了するＪＩＴが重要なのである。

在庫も必要なイベントのロジスティクス

イベントでは需要量が想定できないこともあるため、不測の事態に備えて在庫を持たなければならないこともある。なにしろイベントでは、観客数を予想できないことがあるからである。

仮に満員の状態を想定したとしても、天候や気温によって来場者が少なくなるときもある。そこで、急に暑くなったり、急に寒くなったりしたときのために、長期間保管できる商品を中心に品揃えをするしかない。冷凍のポテトフライやたこ焼き、缶入りのビールやジュースなどを保管しておき、需要に応じて倉庫から取り出せばよいのである。つまり、開催時刻というＪＩＴではあるが、不測の事態にそなえて在庫は持たざるをえないのである。

イベントのロジスティクスも、ロジスティクスの原則である５Ｒが重要なのであるが、適切な量（Right Quantity）については、多少多めに在庫を持つことが大事なのである。

ＪＩＴと在庫のバランス

晩酌のビールが、飲みたい時間に飲みたい量だけ冷たい温度で運ばれてきたら、ビールを保管する冷蔵庫もいらないし、便利に違いない。だからといって、１本ずつ毎晩運んで欲しいと注文したら、人件費のかかる酒屋さんは価格を上げるしかないだろう。ましてや２本飲みたいときのために、少しは在庫も欲しい。

こうなると、冷蔵庫に何本か買いためたくなる。ましてや酒屋さんに事故があって運ばれてこないことも考えたら、在庫を持つ方が安心である。

つまりＪＩＴは、交通事故もなく、酒屋さんはいつも注文に応じてくれるという前提があってこそ成立するのである。だからこそ不測の事態に備えて在庫を持っておきたい。このＪＩＴと在庫のバランスが重要なのである。

図表4－3　ロジスティクスの5R

①	Right Time：適切な時刻
②	Right Place：適切な場所
③	Right Price：適切な価格
④	Right Quality：適切な品質
⑤	Right Quantity：適切な量

欲しいときに、欲しい場所で、欲しいものを!!

2　築地市場にマグロがやってきた

(1) 築地市場に集まる人たち

築地といえば、日本を代表する市場です。正式名称は、東京都中央卸売市場築地市場。水産、青果物、漬物、肉類、卵を扱い、敷地面積は約23万㎡、建物延床面積は29万㎡です。青果および水産物の入荷から販売と出荷までを、24時間行っています。

築地の魚市場に入る水産物は、漁協などの生産者、産地の仲買人、水産会社などが出荷し、築地に送られてきます。そしてセリ（競り）にかかわるのは、卸売業者と仲卸業者と売買参加者です。

卸売業者は、出荷者からの依頼を受けて、セリや入札などの方法で仲卸業者などに販売します。卸売業者は農林水産大臣の営業許可が必要で、現在の築地には水産物部に7社と、青果部に3社あります。このうち仲卸業者は、卸売業者からセリや入札等で買った魚を市場内の店舗で小分けにして、魚屋や料理屋などの買出人に販売します。セリには参加しないのですが、仲卸業者から商品を購入する魚屋さんやお寿司屋さんなどを、買出人と呼んでいます。

築地市場には、場内の物流の仕事を専門にしている人も居ます。たとえば小揚《こあげ》業者とは、主に大型トラックなどで築地市場に運ばれてきた水産物を、駐車場からセリを行うセリ場まで運ぶ人です。配達人とは、主に競り落とされた水産物をセリ場から仲卸業者の店頭に運ぶ人です。また水産物を入れてきた発泡スチロールを集める人や、トラックからの荷おろしを手伝う人も居ます。このため、築地市場には、多くのトラックだけでなく、電気やプロパンガスで動く三輪車（ターレット）やフォークリフトや荷車が、行き交っています。

海外からの観光客を魅了する築地市場。世界中から注目を浴びる場所には、どのように物が集まり流れていくのか。ここでは築地の魚市場の1日を追いかけてみましょう。

写真1　マグロのセリの準備風景。マグロのセリは朝5時30分から始まり、約30分で終了する

(2) 築地市場の1日

前日の午後3時ごろから真夜中にかけて、魚が大型トラックで築地に到着します。約12時間（半日）後の午前2時ごろから、卸売業者が商品（魚など）を受け取り、セリをする卸売場に魚を並べていきます。

午前4時ごろから、仲卸業者や売買参加者が、セリの下見にやってきます。セリの時間は、鮮魚が4時40分、活魚とえびが5時20分、マグロは5時30分などです。「大物」といわれているマグロは、卸売業者の手で並べられます（写真1）。競り落とすスピードは速く、マグロはわずか30分ほどで100本以上のマグロが競り落とされていきま

図表４－４　築地市場を経由する水産物の流通経路

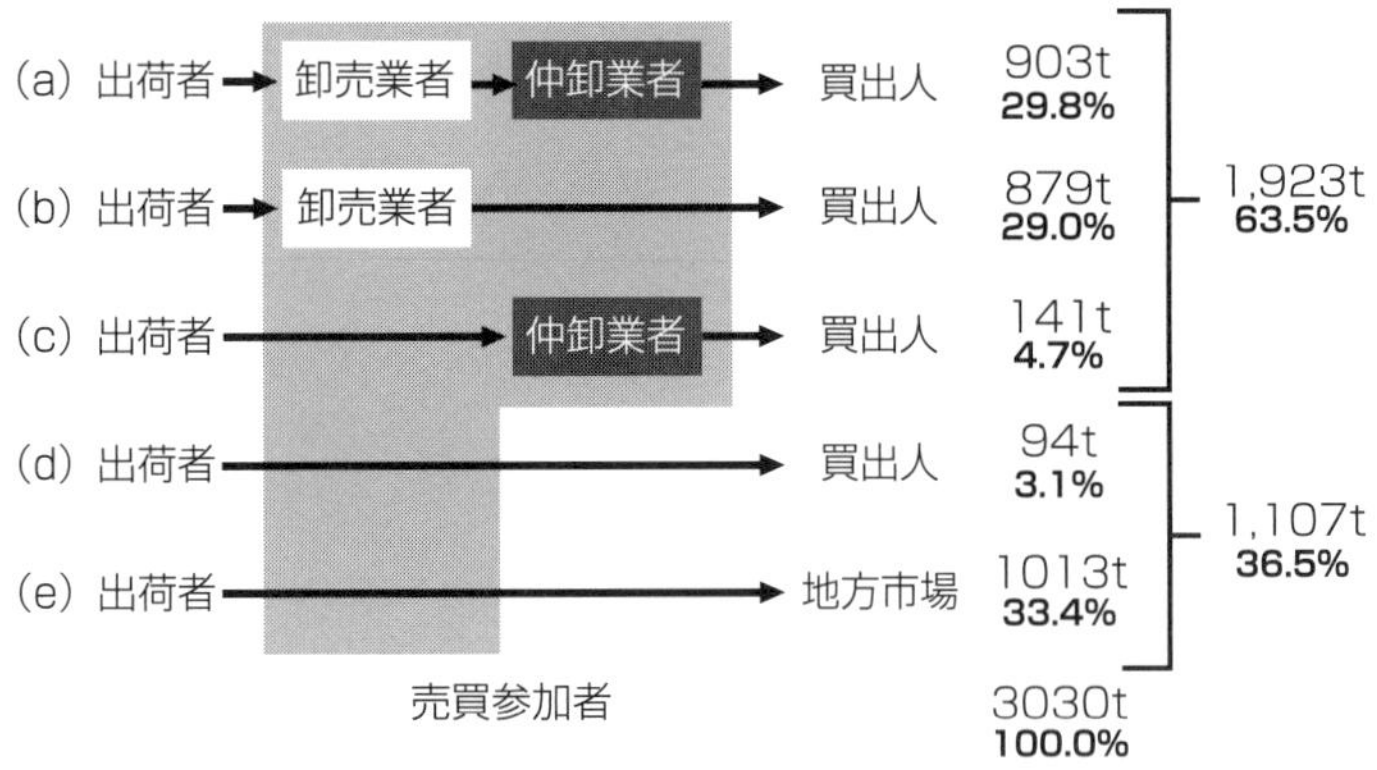

す。

午前7時ごろになると、仲卸業者が競り落とした魚を小分けして店頭に並べ、買出人がやってくるのを待ちます。大きなマグロ1本をそのまま買う魚屋さんや寿司屋さんは少ないので、魚をさばきブロックなどに切り分けて販売するのです。買出人たちは、取扱品目ごとに馴染みの仲卸の店を巡りながら、品定めをして商品を買いそろえていきます。魚屋さんや寿司屋さんは、目当ての魚を購入したら急いで自分の店に戻り、開店までに店頭に並べ、お客さんを待ちます。

一方市場は、12時近くになると閑散としてきて、仲卸業者も店じまいとなります。

(3) マグロの運送業者の1日

築地市場に搬入される水産物は、1日約3000t。この3000tが、卸売業者や仲卸業者を経て流通していくのです。東京都の調査結果によると、おおよそ上記の表のようになっています（図表4―4）。

水産物が築地市場に入ってから出ていくまで、「出荷者→卸売業者→仲卸業者→買出人」の流通が約30%、仲卸業者を省略した「出荷者→卸売業者→買出人」が約30%、市場内のどこも経由せずに、「出荷者→地方市場」と出てしまう流通が約30%です。この地方市場に出てしまう水産物とは、セリにかけずに直接交渉で売買したり、大型トラックで一部を築地市場に荷降ろしてから他の市場に回ったりするものです。セリに加わらずに、単に輸送上の都合で築地市場を通過しています。

平成21年の7月に、焼津から築地まで冷凍マグロを輸送する運送会社のスケジュールを調査した結果があります。

運送会社の大型トラックは、15時に焼津にある荷主の倉庫に冷凍マグロを引き取りに行き、16時30分までに積み込みを終えます。いったん運送会社に戻ってから17時に焼津を出発し、20時30分に築地に到着。食事をし、売買のための手続きをしてから、21時30分に休憩（1回目）に入り、深夜2時に荷降ろしを開始して3時に荷おろし終了。そして休憩（2回目）に入ります。

なぜ荷おろししてから直ぐに焼津に帰らないかというと、運んできたマグロが完売するとは限らないので、競り落とされず売れ残ったマグロを引き取るために居残るのです。そしてセリが終わる6時すぎから売れ残ったマグロを再度トラックに積み込み、7時15分ごろに築地を出発し、他の市場やツナ缶などの加工工場に運びます。こうして昼の12時に焼津の会社に戻り、15時まで休憩（3回目）して24時間が終わるのです。すべては、築地のセリの時間を中心に動いているのです。

（4）駐車場での荷おろしと積み込み

築地市場には、５階建てや８階建ての屋内駐車場ビルがいくつかあり、合計すると市場内に４３３０台、市場外に１４０台駐車可能です。市場内には、駐車場ビルと平面駐車場があります。もともと河川であった場所を、一時期鉄骨と鉄板を用いて地下にふたをかけた水路（地下通水路）にした場所を「ふたかけ」と呼び、平面駐車場となっている場所があります（現在は埋め立てられ地面となっています）。

「ふたかけ」の幅は55ｍで奥行きは30ｍ、駐車場周辺の車路の幅は５ｍです。ここに中型貨物車の大きさを基準とした81台分の駐車の枠が白線で示されています。この枠の中に、貨物車は自由に駐車することができます。この「ふたかけ」は、水産物の卸売場や仲卸業者の店舗にも近いことから、出荷者が水産物を荷おろししてから卸売場に搬入したり、買出人が卸売業者や仲卸売業者から購入した水産物を積み込んだりしているのです。

（5）時間帯により異なるトラックの様子

２００９年（平成21年）の10月24日（土）の深夜午前０時から昼の12時までの12時間、「ふたかけ」を一望できる位置にビデオカメラを設置して、貨物車の駐車状況や荷さばき状況を撮影しました。この映像をもとに、貨物車の種類を、３種類（４ｔ車以上の大型貨物車、２～４ｔ車の中型貨物車、２ｔ車未満の小型貨物車）に分けて、車種別駐車台数を１時間ごとに集計してみました。

すると、興味深いことが分かりました。0時から4時までは産地から築地市場に貨物を搬入する大型貨物車が多く、4時から8時までは築地から地方やスーパーに搬出する中型貨物車が多く、8時から12時までは小売店や飲食店に搬出する小型貨物車が多いのです（写真2、3）。これは、築地市場の1日の活動サイクルと符合するのです。つまり、地方から水産物を運ぶ大型貨物車がセリにかける魚を深夜・明け方に持ってきて、早朝には、セリにかけない魚を地方や小売業者が中型自動車で運び出す。最後に、午前中は、買出人の小型貨物車が多くなる、というように、大まかに分類されているのです。

写真2　「ふたかけ」には、買い出しに来る車の大きさは、時間帯によって異なる。深夜時間帯（午前1時）には、地方から築地に来た大型車が多く集まる

写真3　明け方（午前6時）には、中型車が多く集まる

こうして「ふたかけ」では、3つの時間帯（0時から4時、4時から8時、8時から12時）ごとに、さまざまな工夫と知恵が込め

られ、激しいトラックの往来の中、商品の搬出入が行われています。大型貨物車が縦向きに駐車すれば、中型貨物車と小型貨物車は横を向き、さらにわずかに空いている場所で仕分けもしているのです。

現在は、築地市場に替わって、豊洲市場が計画されています。高速道路のインターにも近く道路も広いので、市場周辺の混雑も解消することでしょう。それでも駐車場が、荷おろしと積み込みの場所であることに変わりはありません。駐車場は、実は市場の駐車場は荷さばき場でもあるのです。それだけに豊洲市場では、場内で車が滞留せず、荷さばきもスムーズにできて安全な駐車場が計画されることを期待しています。

〈ロジスティクス学⑩〉

駐車より重要な荷さばき活動

人と比べた物の特徴

われわれは日常生活で、自ら電車やバスに乗って、通学したり通勤したり買い物に出かけている。このため、交通を身近に感じることができる。しかし、スーパーやコンビニに出かけて商品を買い求めるとき、その商品がどのように運ばれてきたかは知らないし、興味もわかない。また学術的な研究においても、交通計画が「人の交通」を主体に発展してきたため、「物の交通」の研究は遅れている。特に、物の特殊性をなかなか理解できず、人の交通計画の視点で考えてしまうことから、物の交通については、しばしば誤解を生んでいる。

そこで、物の交通の特徴を、人の交通と比較すると、以下のようになる（図表4―5）。

第1は、物は一方通行ということである。旅行や引越しを除けば、人は朝自宅を出発して夜帰宅するので、移動のサイクルは1日で完結する。一方で、物は一方通行である。田んぼで米が穫れ、工場で作られたおにぎりがコンビニに配送され、われわれが買い求めて胃に収まる。このとき、食べたおにぎりが田んぼに戻ることはない。飲んだビールも、工場や畑に戻ることはない。このように、物の移動は一方通行で、移動するサイクルは、時間が時、日、週、月などさまざまなのである。

第2は、品目の多様性である。人は、新幹線の料金に大人と子供の区別しかないように、座席は普通車とグリーン車しかないように、種類は極めて少ない。しかし、商品の品目数は非常に多い。スーパーマーケットは約1万から3万品目の商品を扱っている。Tシャツであれば、S、M、L、LLなどのサイズがあり、色違いもある。ワイシャツであれば、首回りと腕の長さの組み合わせになり、これにえりの形や色違いが加わるから、さらに品目数が増える。シャツを求める人は、サイズや色が違えば満足しないのだから、サイズごとに商品を管理しなければならない。

第3は、複数の計測単位である。人は、年齢や性別などによる違いはあっても、1人2人と「人」という1つの単位で数えることができる。しかし物は、重量（グラム）、体積（リットル）、個数など、さまざまな単位がある。また同じ品物であっても、鉛筆を本、ダース、箱などと数えるように、複数の単位がある。

第4は、移動過程での変化である。人は、移動中に変化することはないが、物は流通の過程で変化することがある。たとえば、海外から輸入された材木は、厚い板で工場まで輸送され、ここで板や柱に加工されて顧客に届けられる。厚板、板、化粧板などに加工されれば、形や色や重量だけでなく商品名さえも変わってしまう。

第5は、荷役の必要性である。人は自ら歩いたり階段をのぼることができるし、行先も知っている。しかし物は、自らの意志で移動できないし、行き先や温度への不満を伝えることはできない。人にたとえれば、「物は、生まれたての赤ちゃんと同じ」である。赤ちゃんは、まだ歩けないし、何処に行くかも説明できないし、薄着でいれば風邪をひくこともある。だっこは荷役で、乳母車が台車、迷子札が伝票、衣服が梱包と温度管理に相当する。このように物を運ぶときには、生まれたての赤ちゃんを扱うように、大事にしなければならない。

駐車と荷さばき

商品や貨物は自ら意志で動くことはできないので、

荷役が必ず必要になる。しかし物流を貨物自動車交通を誤解してしまうと、荷役を忘れてしまう。路上には乗用車用のパーキングメータは多いが、貨物自動車用の少し大きめの区画のパーキングメータは、極めて少ない。人は一瞬のうちに自ら乗り降りするが、物には荷役が必要なので積み込みや荷おろしには時間もかかるし荷おろしのスペースも必要なのだが、このような配慮は乏しい。

ロンドンには、レッドルートと名付けられた道路がある。「駐停車禁止道路」と表現されることが多いレッドルートだが、実は交通量の少ない場所や荷おろしが必要な場所には、路上に貨物車が停車できるパーキング・スペースが設けてある。なかには、「車いす利用者は3時間、貨物の荷おろし利用は20分」という標識もある。車いすの方以外の乗用車は停まれないが、荷役が必要な貨物車を優先して駐車できるようになっている（写真4）。

写真4　ロンドンのレッドルートにある荷さばき用表示

欧米諸国には、日本には乏しい「障害者と荷さばきへのやさしさ」が、都市計画や道路計画に溢れている。

魚市場の駐車と荷さばき

築地魚市場の駐車場は、セリにかける魚市場を運び入れる「荷おろし」と、魚市場で買い求めた水産物のトラックへの「積み込み」と、トラックの周辺で配送先の店舗ごとに商品の「仕分け」が行われる。そして荷役を終えたらトラックはすぐ出て行ってしまう。

つまり魚市場の駐車場は、トラックの保管場所ではなく、荷さばき（荷おろし、積み込み、仕分け）を行う場所なのである。そのため、トラックの駐車スペースに加えて、仕分けスペースと運搬具用のスペースが必要なのである。

仕分けのスペースとは、水産物を買い求めた業者が、トラックの駐車スペースの周辺で、積み込む前の商品を仕分けるためのスペースである。運搬具用のスペースとは、トラックに荷物を積み込むときに使用するフォークリフトや台車が、円滑に動き回れるように確保しておくスペースである。

魚市場の駐車場に限らず、トラックの駐車場は、トラックを夜間保管しておく場所ではなく、仕事を行う場所である。だからこそトラックの駐車場には、駐車スペース・仕分けスペース・運搬具用スペースの3点セットが必要なのである。誤解を避けるためには「駐車場」と呼ばずに、「荷さばき場」と呼ぶ方が適切かもしれない。

図表４－５　物の交通の特徴

①物は一方通行

移動するサイクルは、時日週月などさまざま

②品目の多様性

スーパーマーケットは約１万から２万品目の商品を扱う

③複数の計測単位

重量，体積、個数。本，ダース、箱など

④移動過程での単価

由曽於宇宙や保管中に、加工や組み合わせにより商品が変わる

⑤荷役の必要性

「物は、小さな赤ちゃんと同じ」で抱っこは荷役、乳母車が台車、
迷子札が伝票、衣服が梱包と温度管理

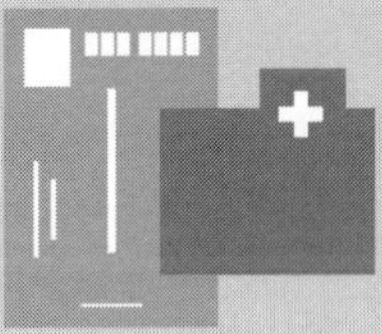

第5章

エコ（環境対応型のロジスティクス）

1　物流にやさしくエコな高層ビル、丸ビル

(1)〝荷物〟を見せずに、魅せる〝商品〟

仕事帰りや休日に、デパートや百貨店で買い物をしてレストランで食事といった有意義な時間を過ごすという人、結構いらっしゃるのではないでしょうか。上層階はオフィスビルで、下層階は飲食店や洋服などを扱うテナントが入っていて、1階にコンビニエンスストアやATM機があるという高層ビルを、都内で見かける機会が多くあります。

高層ビル内で、飲食店にいるときに食品を納入していたり、衣料品店のテナントに大きな段ボールを搬入していたり、フロアを台車が通っているという光景を、目にする機会は少ないのではないでしょうか。おそらく、見ていたとしても、あまり印象に残っていないのか。とはいえ、物が行き交う場所には、運ぶ人が必ず居るはずです。ビルには、衣料品店の商品となる洋服、インテリア用品店などが扱う雑貨といった物品、オフィステナントではコピー用紙や植木鉢、あるいはトイレットペーパーなども届けられているはずです。

ここで、東京駅を出て、丸の内改札口と目と鼻の先にある丸の内ビルディング（丸ビル）と、新丸の内ビルディング（新丸ビル）を例に、都内のデパートやオフィスビルでは、どのように商品を供給しているのかを見ていきたいと思います。

（2） 1日平均6万人集まる丸ビル

東京駅丸の内改札口を出たところに、2棟並んで建っている丸ビルと新丸ビル。左側にある丸ビルは、2002年8月にしゅん工した高さ約180m、地上37階建て、敷地面積が約1万㎡、延べ床面積が約16万㎡の建物です。一方、右側にある新丸ビルは、2007年4月しゅん工、高さ約200m、地上38階建て、敷地面積が約1万㎡、延べ床面積が約19万5000㎡のビルとなっています。

両ビルとも、中層階から上の階はオフィスビルとなっており、企業がテナントに入っています。ショッピングモールにはそれぞれ140～150の店舗がテナントに入り、毎朝11時からの営業開始時刻に間に合うように、商品のディスプレイを変更したり商品を並べたりしてお客さまを待ちます。丸ビルには、1日平均約6万人の往来があります。

もし、150の店舗に1台ずつトラックが来て納品するという光景を想像してみたらどうなるでしょうか。ピーク時には駐車場に60～70台の貨物車が駐車するでしょう。おそらく、開店時間に間に合うようにと急ぐトラックが渋滞し、駐車場に止めるのが困難になるでしょう。そして、なんとか駐車できても、今度は荷さばきするスペースが確保できなかったり、エレベーターを使うのに時間がかかったりといった状況に巻き込まれることが考えられます。

（3）ビル内共同配送の利点

丸ビルでは「ビル内共同配送」という配送方法で、館内や納品業者の業務の簡素化を図っています（図表5―1）。「ビル内共同配送」とは、極力荷物を1カ所にまとめて、窓口となる代行業者が館内のテナントに納品する方法です。この方法だと前述したように、1つの荷物をドライバーが各フロアのテナントごとに納品する際に、駐車場やエレベーターが混雑して納品時間がかかってしまう状況を避けることができます。丸ビル・新丸ビルでは地下駐車場の横にある荷さばき場の近くに荷物受付窓口を作り、生鮮食材以外の食品や衣料品、雑貨類、郵便物などを受け取ってフロアやテナントごとに分別して配ります。生鮮食材は、納品業者が直接納品しています。においがほかの商品についてしまうかもしれないからです。

図表5－1　丸ビルのビル内共同配送

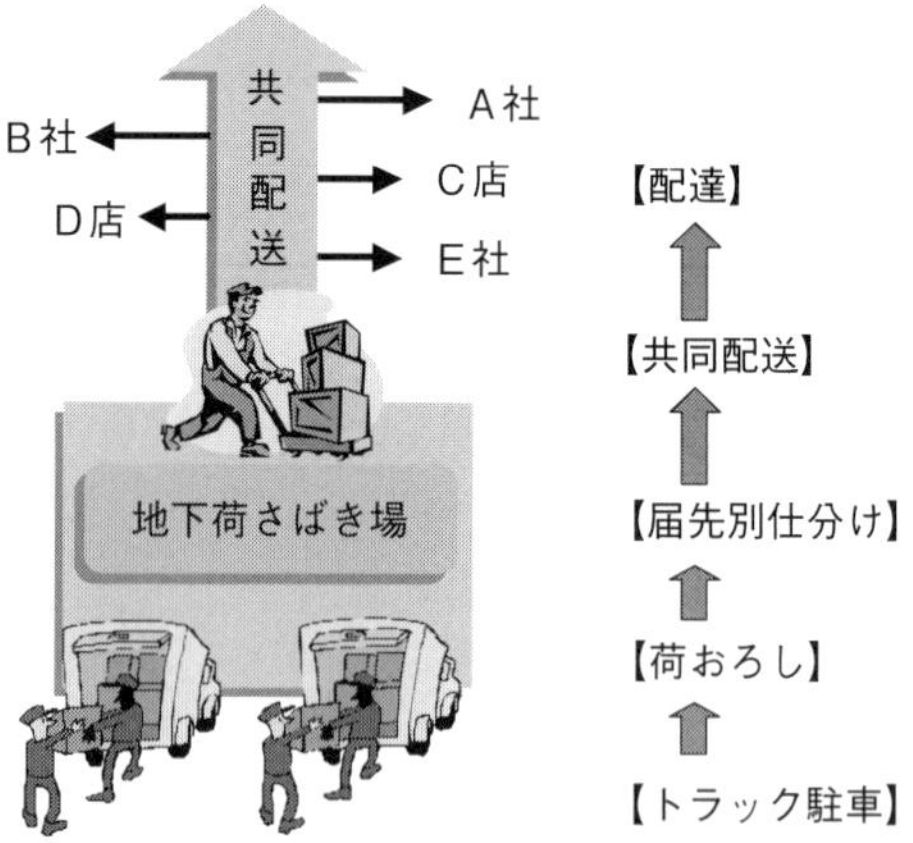

ビル内にバイクや自転車で運ばれる書類なども、荷物受取窓口で受け付けて、届け先のテナントまで窓口の担当者が届けます。この仕組みは、賛同する納品業者が会員に加わり、1個当たり午前80円、午後120円（基本料金）を支払うことでビル内の納品先に届けてもらうというものです。

ビルへの納入のための車は、駐車場利用が30分まで無料。多くの納品業者は、30分以内には納品の手続きを終えて、次の納品先へ向かいます。館内は納品業者でひしめくことがなくなり、納品に来たドライバーの納品時間短縮、駐車場代削減など、多くの利点が生まれます。また、ビル内共同配送で生じる副次的な効果に〝館内に入る人が制限されることで、安全性が保たれるようになった〟という状況も加えられました。

いろいろな業者から丸ビル・新丸ビル内に荷物を受け取る窓口には日本通運が代表となって、ほか3社（佐川急便、西濃運輸、ヤマト運輸）の計4社が入っています。それぞれ、1日の流れは午前中にテナントに納品、午後は集荷というサイクルで動いています。各社ごとにフロア別に配達先となるテナントが決まっていますが、テナントが発送する荷物の受け取りについては、どこの物流事業者を使ってもよいことになっているため、商機は平等。館内では競争原理が働くことになります。

（4）丸ビルの要素を、新丸ビルの改善に生かす

丸ビル・新丸ビルの駐車場で納品業者から荷物の引き渡しの依頼を受けた4社は、1カ所のテナントごとに荷物を分別し、荷さばきをします（図表5―2）。

丸ビルと新丸ビルは、建物の外観は似ていますが、フロアの設計や荷さばき場など、中の設備は少しずつ変化しています。たとえばレストランフロア。レストランフロアは、丸ビルは地下1～5

図表５－２　丸ビル・新丸ビルの地下駐車場と荷さばき場の１日

	丸ビル・新丸ビル共通	
	業務内容	場所
6:00～7:00	一部生鮮食品取扱業者の 貨物車が到着、各階に直接納品	駐車場→テナント
7:00～8:00	文具、衣料品など到着、 仕分け（フロア別・店別） 待機（～10時）	荷さばき場
8:00～9:00	搬入のピーク（～10時） 4社のトラック到着、荷おろし 生鮮食品取扱業者の貨物車が到着、 各階に直接納品	駐車場 駐車場→テナント
9:00～10:00	第１便が全社到着（～10時） 共配の荷物を各フロアへ配送 （～11時30分）	荷さばき場→テナント
10:00～11:00		
11:00～12:00		
12:00～13:00	午後1日につき1～3回テナントから集荷	テナント→荷さばき場
13:00～15:00	午後の配送開始（13時30分～15時）	荷さばき場→テナント
14:00～15:00		
15:00～16:00		
16:00～17:00		
17:00～18:00		
19:00～20:00	共配業務終了 各フロアの荷物は各社の基地から 全国へ発送	

新丸ビルの駐車場は24時間営業、
丸ビルの駐車場は６時～24時まで営業

写真１　丸ビル地下駐車場にある荷さばき場。荷さばき方法がビルによって違う。丸ビルは床置きで台車を利用する

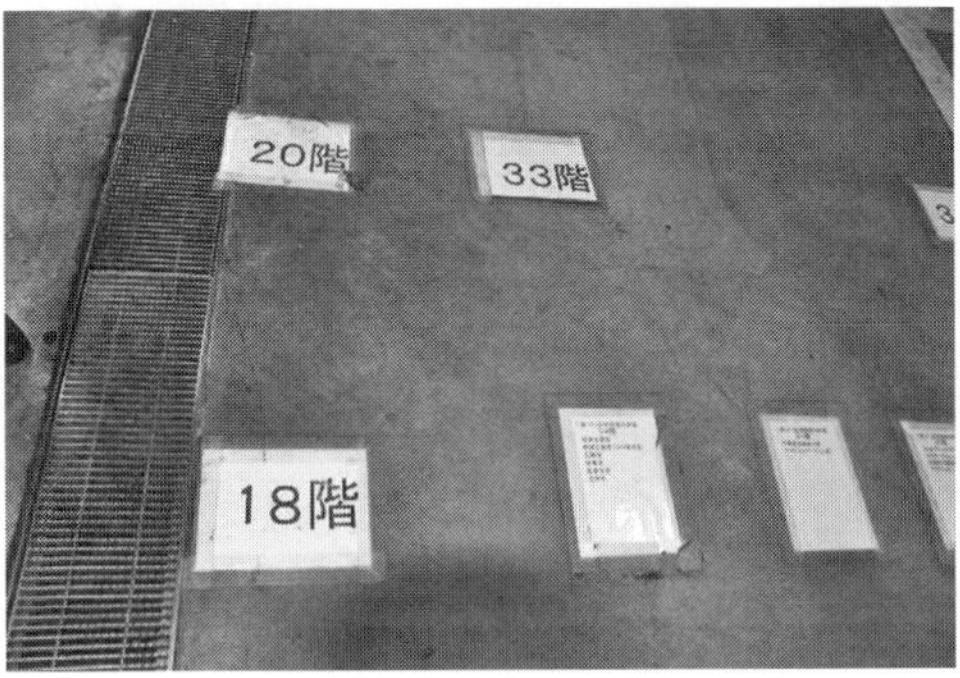

写真２　新丸ビル地下駐車場にある荷さばき場。新丸ビルはカーゴを利用する

写真３　テナントと業務用エレベーターの位置を一目で把握できる案内図。エレベーターの前に張り出されている

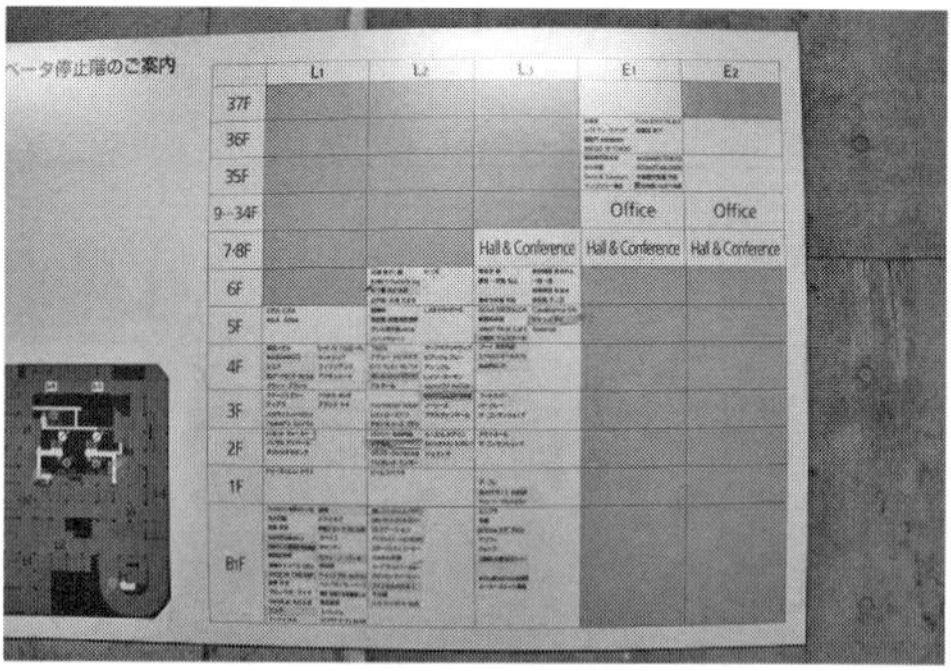

写真４　業務用エレベーターの場所を表示するフロア地図

階と、最上階に近い35・36階にありますが、新丸ビルのレストランフロアは、地下と地上階だと1・4～7階。物流の動線を考慮してレストランフロアを作ったわけではありませんが、エレベーターの使用頻度を考えると、時間短縮に大分効果が出ているようです。荷さばきに来る貨物車の駐車場平均使用時間をみると、丸ビルが30分、新丸ビルが20分という調査結果があります。

それ以外に、丸ビルと新丸ビルでは、駐車場で荷物を預かってから仕分けする方法が異なります。丸ビルは床に「○階」「○○会社」というような札を張り、そこに荷物を振り分けて台車に載せてエレベーターで運びます（写真1）。一方、新丸ビルは、階ごと、もしくはテナントごとにカーゴを用意し、そこに荷物を入れていきます。荷さばき場にカーゴを並べ、種をまくように必要な商品

や物資をカーゴの中に入れていきます。すると、そのカーゴごとに納品先まで持っていけるという算段です（写真2）。この新丸ビルのカーゴを使った方法は、ある程度の広さがないとできません。丸ビルでの荷さばき状況を改良して、新丸ビルの荷さばき場を広くする設計ができました。

荷さばき場からエレベーターを使ってテナントに荷物を運ぶとき、丸ビルも新丸ビルも業務用エレベーターを使います。荷さばき場付近には、「どの店舗に行くには、どこのエレベーターを利用した方が良い」ということが一目で分かる案内板があります（写真3、4）。この案内板は、目的のテナントのフロアと、そのテナントに近い業務用エレベーターの場所などが一目で分かるようになっているため、窓口で配送を依頼するのではなく直接納品する業者や、初めて納品に来た業者にも分かりやすい表示となっています。

(5) 地下駐車場利用で、向上する効率と安全性

「大丸有《だいまるゆう》」と呼ばれる大手町、丸の内、有楽町周辺のビル群の地下では、ビル同士の駐車場をつなげて、ネットワークを形成している部分があります。これは、一帯の地域に商品を納品する業者には、とてもありがたい構造になっているようです。なぜなら、一度地下に入ったら、地下道を行き来すればよいので、地上に出たり、また地下に入ったりという手間や動線、作業時間を短くすることができるからです。

また、物の流れを地下の道、人の流れを地上の道と、用途を分けることで、必然的に効率が上が

写真５　廃棄物も、食品などは飼料や肥料とするため、冷蔵庫で保管

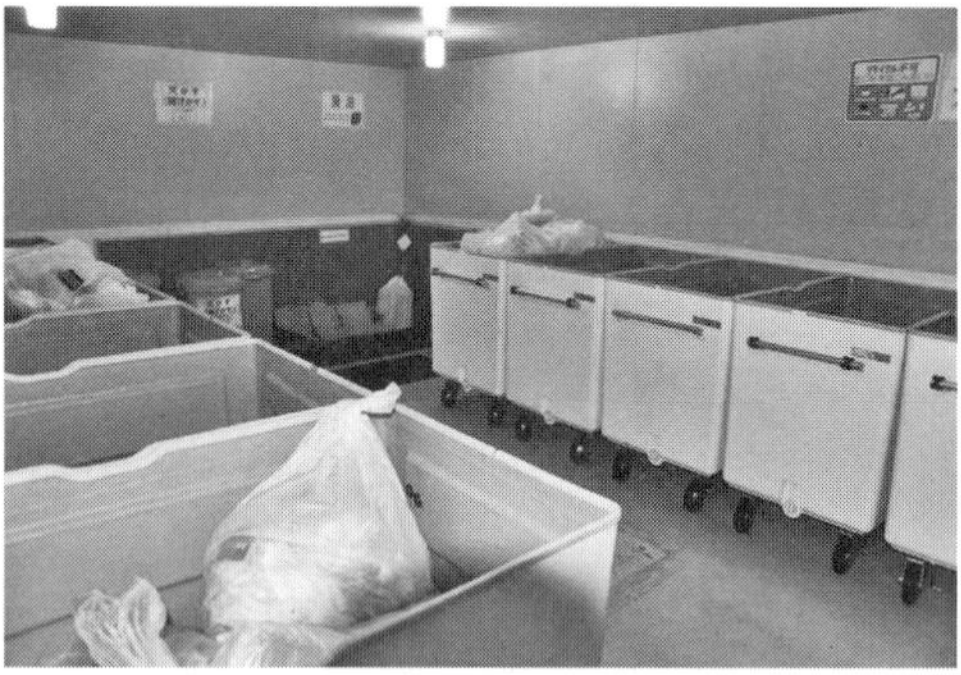

写真６　発泡スチロール圧縮機

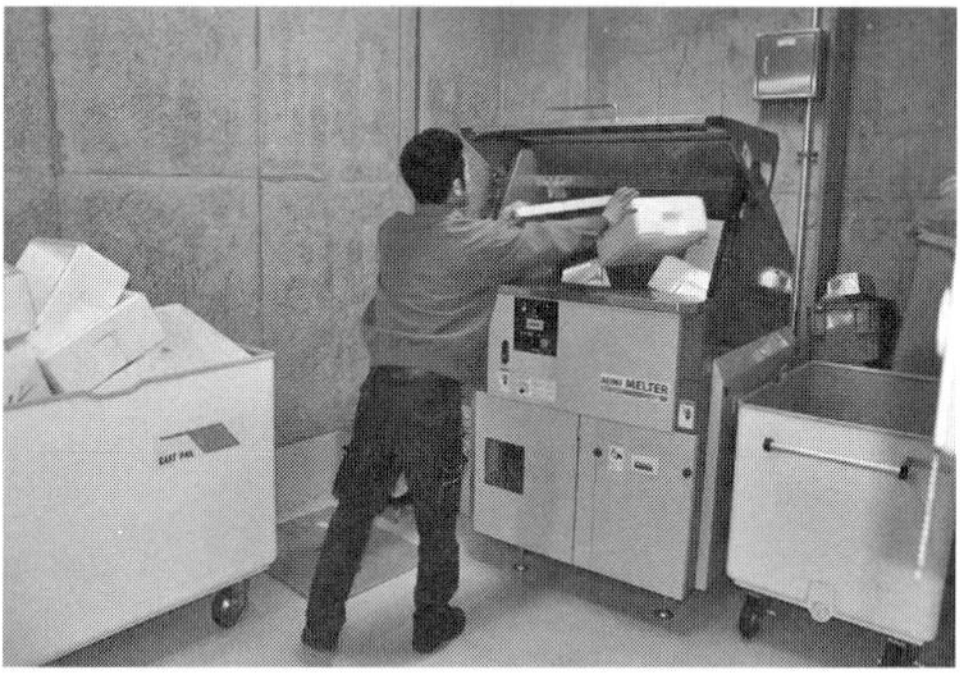

ることになります。商品で使うものを運ぶ道が決まっていたら、それに伴う荷さばき場や搬出入口の設備も自然と充実してきます。そして、「トラックが通る道」を分けることで、一般の人を巻き込んだ事故を極力抑える結果にもつながります

　また、丸ビル・新丸ビルの地下駐車場では、ＥＴＣを利用して駐車場ゲートを通過、自動精算するシステムを導入しています。納品業者からはストレスがないと好評で、紙の駐車場チケットの削減にもつながっています。もしかしたら今後、他のビルも「自社のエコの取り組み」と銘打って実施する企業が出てくるかもしれません。

　ビルに荷物や物品が入る限り、お客さまにお渡ししたり食べてもらったりするだけではありません。ビルから出る「ゴミ」をどう処理するかも、物流を考える上で重要です。新丸ビルを例にとる

と、ゴミをただ「びん・缶」「段ボール」「ペットボトル」といったように分別して廃棄するのではなく、リサイクル可能な形に変えて廃棄物処理業者に渡すまでの作業を館内でできる設備を整えています。

(6) ビルの浄化に貢献する物流

レストランで出る残飯は、動物の飼料や土、肥料に変わっていきます。残飯はなるべく鮮度を保った状態にするため、大きな専用の冷蔵庫で保管しています（写真5）。

新丸ビルの地階には、廃材処理の場所があり、そこにゴミを収集し分別、廃材の形に加工するまでを手掛ける業者のスタッフが常駐しています。商品が梱包される発泡スチロールも、廃材の対象になります。発泡スチロールは、溶かして圧縮する機械を使ってブロック状にし、プラスチックを引き取る業者に渡すまでの作業を行います（写真6、7）。これがリサイクルされると、CDケースや定規などに姿を変えることになります。

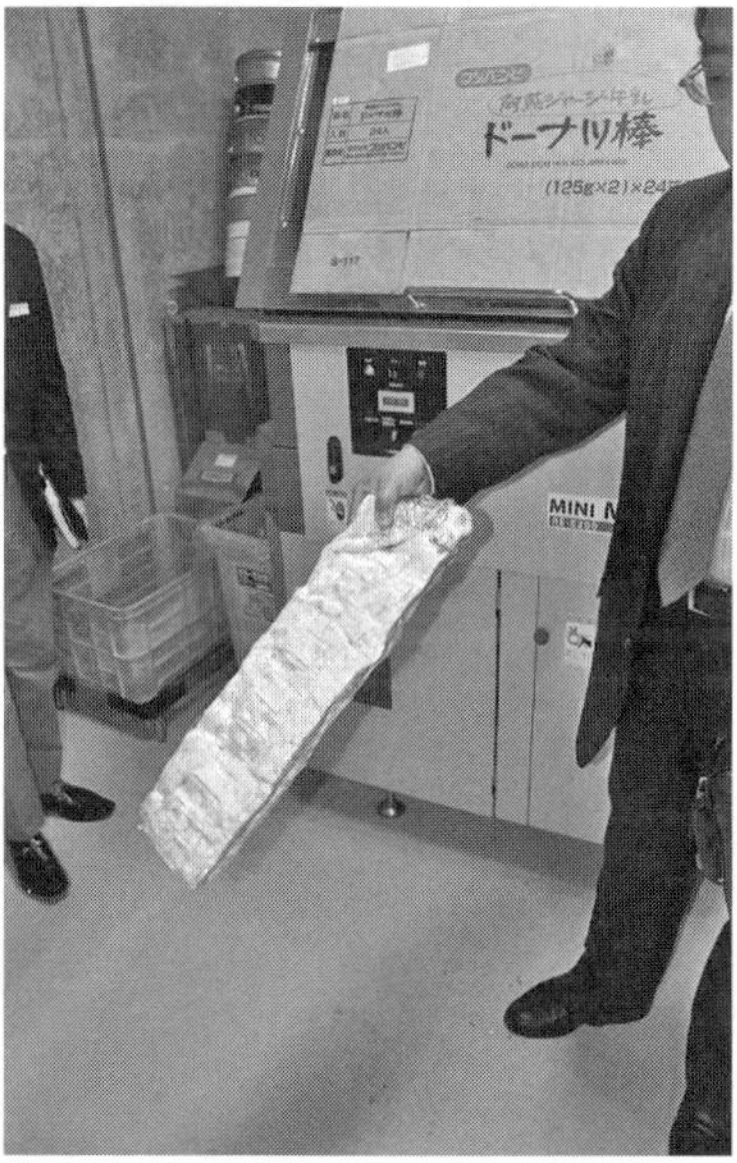

写真7　圧縮された発泡スチロール。CDケースや定規などの原料として再生する

写真８　旧丸の内八重洲ビルで使用した扉を再利用

両ビルで排出されるゴミの量は、１日平均約６ｔともいわれています。なかでも紙ゴミの量はオフィスビルということもあり、多くの割合を占め、３分の１に当たる２ｔが、紙ゴミとして廃棄されます。土日はオフィスが休みになるので、紙ゴミが２ｔ分減ることになり、ゴミの排出量が減るだけではなく、作業の時間短縮にもつながります。

(7) 新丸ビルからビルづくりの情報発信

新丸ビルの10階には、〝次世代のビルは、どのように環境に優しい活動や技術を取り入れるか〟を考えるスペースがあります。それが「エコッツェリア」です。

環境への取り組みを意識して、具体的にどのようにビルに導入しているかというと、昔の丸ビルや新丸ビルで使っていた扉や大理石を、今のビルの扉やオブジェに再利用したり、以前の新丸ビルで使用した松くいを再生し、フローリング材に使ったり。用途を変えて今に使う、という方法を取り入れています（写真８）。

昨今では、世界的にCO_2排出量の削減が求められています。そういった背景をもとに、環境負荷低減の意識を高めるため、エコッツェリアには、日本人が1日にCO_2を排出する平均的な量となる25kgの重さのいすがあります（写真9）。実際に持つとズシッとしていて、持ち上げるのも大変です。「毎日、こんな大量のCO_2を一人で排出しているのか」と思い知らされます。また、いすの側面をよく見ると、「電力」「ガソリン」「都市ガス」と、それぞれの割合が目に見えて分かるように、CO_2を使用する用途の割合が分かりやすく見えるようになっています。CO_2以外にも、一人ひとりの行動が、世界を大きく変えている、と思うと、いす1つとっても興味深い体験ができるスペースです。

写真９　日本人の１日平均のCO_2排出量が分かるいす。床も、以前の新丸ビルの松くいを再生した木材を使用

いすやテーブル、クッション、絵画。これらすべて、廃プラスチックでできている部屋もあります（写真10）。新丸ビルで出た廃プラスチックをブロック状にして廃品回収業者にリサイクルすると書きましたが、プラスチックが住空間を彩る材料になっています。ここにある絵画は、雨の日に履く長靴を材料に、絵にしたものだそうです。電

写真10　机やいす、オブジェなどを廃プラスチックで作った部屋

写真11　緑のカーテンで“涼”を提案

写真12　昔のデータだけではなく、世界のリアルタイムの状況も把握できるタッチパネル

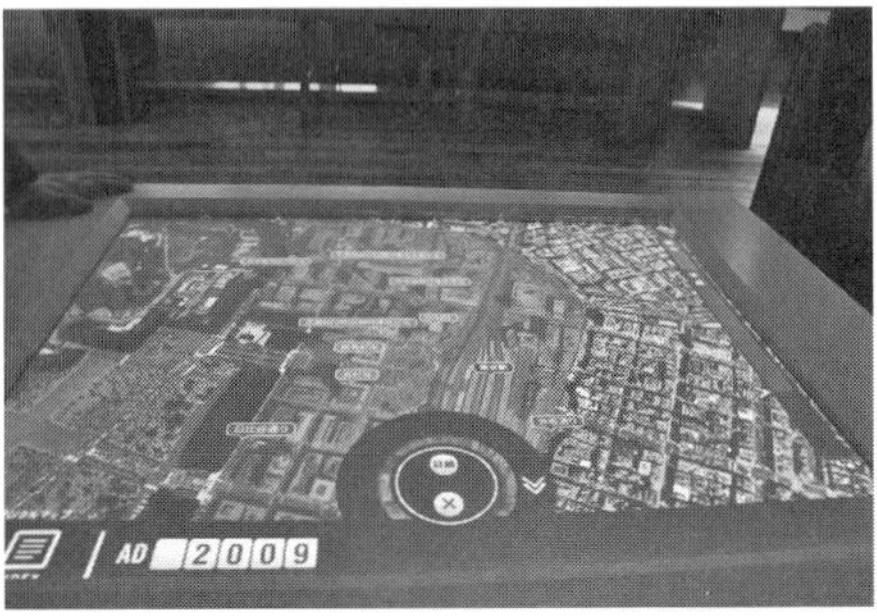

気は明るさの段階を選べるＬＥＤを使用し、CO_2削減に貢献します。

緑化や水槽で日陰を涼しく。建物をツタで覆うと、直射日光を遮ることができ、特に熱をため込みやすいコンクリートのビルは、建物の温度を低めに保つことができるという提案コーナーもあります（写真11）。ビル自体の温度を低めに保つと、夏場の冷房の使用を抑える効果も得られます。このような情報をエコッツェリアが一般の人にも提案・発信することで、住居などでは自宅のベランダにゴーヤを植えて日よけしながら実を食べる、という自給自足の意識向上にもつながっていま

す。

エコッツェリア内には、大きなタッチパネルのスマートフォンみたいなテーブルと、スクリーンがあります（写真12）。iPadがテーブルの大きさになったような感覚で、画面を触るだけで情報を詳しく見ることができます。航空写真や昔の江戸の町並みの地図が見られるようになっているほか、現在の世界の天候なども把握できるモニターにもなっています。古くても有効活用できるものや知恵を大事にして、現代の技術と結びつけて活用することが、次世代の社会や物流にも求められているのかもしれません。

〈ロジスティクス学⑪〉

ビル内の共同配送と環境負荷削減

都市のなかのトラック

街の工事現場の前で、ときおりビルの完成予想図を見かけるが、そこにトラックや電線が描かれることは少ない。しかし現実には、入り口の高さが低くて配送用のトラックが入れない駐車場が多く、トラックが路上駐車するために交通渋滞を招いている。ビルのデザインがいくら洗練されていても、ビルの前にトラックやライトバンが路上駐車すれば、せっかくのデザインや景観をゆがめてしまう。

高級な家には玄関と勝手口があるように、高級なビルでは人と物の動線を分離し、物を見せない工夫をしている。しかし都市というスケールになると、貨物車用駐車施設などで法制度上の規則が不備な面もあって、一部の再開発地区を除けば物流のことはほとんど考えられていない。

都市や建築に関わる人たちは、もう少し現実の物流の実態を踏まえて、より良い設計を考えても良いのではないかと思う。

都心への搬入物資とトラック

物流というと倉庫やトラックターミナルを思い浮かべ、大都市の中心部には石油タンクも冷凍倉庫もないから、物が運ばれてくることは無いと考えがちである。

しかし都心にあるオフィスには、社員食堂の食材やコピー用紙や宅配便が届く。このためオフィスビルでは、宅配便や業務用品を配送する貨物車が駐車車両の約60～70％を占める。デパートや商店には、売り場に並べられる商品や生鮮食品が毎日納品されており、店舗によっては貨物車が1日に数百台来る

図表５－３　都心のビルにおける物流実態

都心の配送の実態		
①	都心	配送される物資の半数は、生活物資（事務用品、日用品、食料品など）
②	オフィスビル	宅配便や事務用品が集まる（産業物資はほとんど無い）
		駐車車両の約60～70％が貨物車である
③	デパート	販売商品や生鮮食品が納品される １日に数百台の貨物車が納品のために集中する

例もある。１日平均４万人の来客があるデパートなら、４万人が持ち返る商品を、毎日運び込まなければならない。もしも、これらの物資や商品が届かなければ、仕事も商売もうまくいかなくなる（図表５－３）。

このため、都心の届けられる物資の約半数が食料品や日用品など日常生活物資であり、これらがオフィスや店舗や飲食店にトラックで届けられている。オフィスビルにもデパートにもレストランにも物流は集中するからこそ、都市計画や交通計画にも物流の視点が求められている。

ビルにも必要な物流計画

次にビル内での物流計画を考えてみよう。

ビルの地下駐車場には、頭がつっかえて、トラックが入れないことがある。仮に入れても、駐車区画にあわせて停止するとトラックのドアを開けられな

図表５－４　ビルの設計における物流の課題

ビル内の荷さばき施設の課題
①　オフィスビルや商業施設に荷さばき施設が必要との認識が薄い ②　駐車スペースに駐車すると、ドアが開かず、台車も通行できない ③　プラットホームがなくスロープの傾斜がきついために、運びにくい
ビル内配送の課題
①　荷さばき施設の配置と設計に無理があり、動線が入り組んでいる ②　荷役用エレベーターの数が少なく、待ち時間が長い ③　最終届け先のフロアまで、バリアーフリーになっていない

かったり、荷物を取り出して台車に載せるためのスペースがないことがある。さらには、スロープの傾斜がきついために台車で運ぶことが難しいことがある。

駐車場からビルの高層階に行くときにも、さまざまな試練に出くわす。オフィスや店舗のスペースが優先されがちなので、荷さばき施設が窮屈で使いにくかったり、物流動線も入り組んでしまう。人のエレベーターを多く確保するために、荷役用エレベーターが少ないビルでは待ち時間が長くなって、配達に時間がかかる。

トラックの駐車場所から最終配送先のオフィスのフロアに至るまでバリアーフリーであって欲しいが、なかなかそうはいかない。配送効率が悪くなれば、駐車時間も長くなる。

ビル内共同配送と荷さばき施設計画

高層ビルでは、多くの商品や物資を搬入するために、多くの貨物車がやってくる。しかも高層階まで荷物を運んでいると時間がかかるために、地下の荷さばき施設で各階ごとに荷物をまとめて配送するビル内共同配送が行われている。

荷さばき駐車施設の必要量は、1日にやってくる貨物車の台数が同じであっても、ビル内での作業効率によって異なる。つまり配送に時間を要して駐車時間が長くなれば、1台の貨物車が停車している時間も長くなるために、駐車区画の利用効率が下がってしまい、その分荷さばき駐車施設も広く取らざるをえない。逆に、ビル内共同配送を行うことで配送時間が短くなれば、貨物車の平均駐車時間が短くなって、荷さばき駐車場の　利用効率も上がる。

エコを目指す高層ビル

荷さばき駐車計画とともに必要なことが、環境対策である。

ビルに入った荷物や物資は、必ずビル外に出ていくことになる。たとえば、レストランの食材であれば食事後には残飯が出るし、コピー用紙も印刷後に社外に郵送されたり、一定期間保管された後で廃棄物となる。缶コーヒーも空き缶がリサイクルされるために、ビルの外に出ていく。

ロジスティクスを、調達から生産と消費を経て廃棄するまでの過程と考えれば、ビルの設計や計画に、廃棄物対策は不可欠なのである。さらには、ビル全体で省エネルギーやリサイクルなどの計画を積極的に取り入れていきたい。

丸ビル・新丸ビルをはじめ、丸の内地区では、トラックや物を見せない街づくり、物流の効率が高い街づくり、環境負荷の小さい街づくりを目指している。

2　地産地消でエコを目指すコープさっぽろ

(1) 食料品も廃棄物も地産地消

地産地消を推進し、自分たちで商品を販売し、リサイクル資源の回収までを一貫して行うコープさっぽろ。流通業者で生産から廃棄までを自分たちで手掛ける企業は、類を見ません。コープさっぽろは店舗物流・宅配物流の物流以外に、ケース単位の商品をバラして小ロット出荷対応し店舗の作業負荷の軽減する物流サービスの提供、畜産・水産原料を加工し、パック品を製造する流通加工センター（ＰＣ：Processing Center）事業等の「流通加工」、豆腐などのプライベートブランド（ＰＢ）の食品を作る「製造加工」、発泡スチロールのトレーなどを回収する「廃棄物処理」の作業にも着手しています。ここでは、「生鮮物流」を取り扱う江別生鮮加工センターと、「廃棄物処理」を行うエコセンターをご紹介します。

コープさっぽろは（札幌市、大見英明理事長）職員数が約１４００人、パート・アルバイトが約1万１０００人で、約１３６万人の組合員の生活を支えています（参照：２０１１年3月末現在の道内人口は約５５３万人）。店舗数は１１０店舗（28市、17町）。宅配センターは26センター、４デポ（8市、４町）あります。２０１１年度（平成23年度）の年間売上高は２５４０億円。売上高の内訳としては、店舗事業１７７０億円、宅配事業７２３億円、共済事業14億円、そのほか32億円となりました。

（2）早朝の店舗配送に向け、深夜に活動する江別物流センター

コープさっぽろ江別生鮮加工センターの取扱品目は、基本的に生鮮3品（農産・畜産・水産）原料を対象とし、流通加工となるＰＣ部門では畜・水産合わせて約６００アイテムをそろえ、店舗に供給しています。

同センターは24時間稼働。配送車両は、江別の物流センターから道央・苫小牧・小樽地区にあるコープさっぽろの店舗向け配送に、４ｔ保冷車を51台使用。配達エリアは、札幌・苫小牧・小樽地区にあるコープの約60店舗、１１５コースを毎日3便体制で、定時・定配の配送体制を構築しています。

1日の流れは、農産・畜産・水産部門によって、稼働する時間帯が異なります（図表5―5）。店舗開店対応となる午前7時までに店舗に納品させる第1便の出荷作業が一番多く、前日の17時までに店舗からの注文を受けてから深夜の作業が、1日のなかでも重要になります。特に農産・水産商品は中央卸売市場のセリ（競り）の時間に制約を受けることと、発注からセンター出発までの時間の制約から、物流作業に負荷がかかる状況となっております。

仕分け・出荷作業時には、通常のカーゴよりも2回りほど小型の「カートラック（台車）」を使用しています（写真1）。店舗バックヤード作業軽減を目的としてカートラックを採用しました。

図表５－５　農産品・畜産品・水産品の発注から納品まで

	時刻	 農産品	 畜産品	 水産品	
1日目	15：00				
	15：30				
	16：00				
	16：30				
	17：00		店舗発注締切		
	17：30				
	18：00		仕分け開始		
	18：30	仕分け開始			
	19：00	↓			
	19：30				
	20：00	（仕分けピーク）			
	20：30				
	21：00				
	21：30				
	22：00				
	22：30				
	23：00				
	23：30	↓			
2日目	0：00		↓		
	0：30				
	1：00				
	1：30				
	2：00	仕分け終了			
	2：30				
	3：00			仕分け開始	
	3：30				
	4：00	センター出発			
	4：30	（第１便）		↓	
	5：00	↓			
	5：30				
	6：00	店舗到着	仕分け終了	仕分け終了	
	6：30				
	7：00				
	7：30		センター出発（第２便）		※社員出勤時間
	8：00	追加注文受付		↓	
	8：30	仕分け開始		店舗到着	
	9：00	↓			
	9：30	仕分け終了			
	10：00				※店舗オープン
	10：30		センター出発（第３便）		
	11：00		↓		
	11：30				
	12：00		店舗到着		
	12：30				
	13：00				
	13：30				
	14：00				
	14：30				

カートラックは農・畜・水産の合計で３０００台所有し、１日に平均１０００台を使用します。繁忙時は２０００台以上の出荷があります。

商品（もしくは原料）の受注から店舗への納品までを、追いかけてみましょう。

第1便は農産品で、午前4時出発の便です。第1便は、「どの商品を、どのくらい届けてほしいか」という店舗からの注文の締め切りが、前日の17時となります。18時30分ごろから翌日の午前2時までが、店舗別の仕分け作業になります。午前4時ごろから配送車の第1便（農産品）が出発しはじめ、6時までには各店舗に商品を届けます。

写真1　カートラック。カーゴより2回りほど小さく、軽量で女性などが作業で使いやすい

第2便は畜産・水産品で、ともに午前7時半にセンターを出発します。畜産部門は前日の18時に仕分けを開始し、水産品は午前3時から6時の間に仕分けします。畜産品と水産品の配送車は、店舗開店対応のため、7時30分に第2便として出発し、8時30分には店舗に到着します。

第3便は、農産品の当日受付便および第1便商品不足分対応として、当日の朝8時から8時30分の間に、追加注文を受け付けて、9時30分までには店舗別の仕分けを終了します。10時30分に第3便が出発し、12時までに店舗に到着します。畜産品は、豚肉・牛肉・鶏肉などの生肉原料をメインに、水産品は、当日のセリ商品と、第2便における未納商品の対応をし、農産品の便同様、12時までに納品する流れとなります。

写真２　27台の車両に氷水の冷熱を循環させるダイナミックアイス（蓄冷式）保冷車

写真３　ボディーの下に、氷水を出し入れする口がある

（3）27台のトラックでCO_2削減と燃費改善

コープさっぽろは、商品を輸送する際の環境対策にも力を入れています。トラックには、シャーベット状の氷水を蓄冷タンクに蓄えてポンプで冷熱を循環させる「ダイナミックアイス（蓄冷式）保冷車」を、27台の車両に導入しています（写真2、3）。ノンフロン化で環境負荷削減することを目的としています。

この事業は、地球温暖化対策に特に顕著な功績のあった取り組みに対し、経済産業省と国土交通省が補助金を支給する「グリーン物流パートナーシップ（普及事業）」に認定され、試用期間を経て２００９年２月から本格稼働しました。

試用期間中のデータ（27台で調査）では、納品作業時のアイドリングに述べ32時間／日、予冷時のアイドリングで延べ40時間／日（合計延べ72時間／日次のアイドリング）配送車両の燃費改善を行い、原油換算で121・09kℓのエネルギー削減に効果を発揮、CO_2換算で排出量317・3tのCO_2削減を図りました（『2010年度NEDO報告書』）。

納品時の配送車両アイドリングストップにより、軽油の使用量も15％以上減少。庫内温度管理による、品質維持や荷おろし時の冷却効果向上につながり、エネルギー使用量も改善しました。

写真4　エコセンター建物外観。敷地面積約2万1000㎡のエコセンターで、全道コープさっぽろ店舗と全道宅配組合員の資源回収に対応する

（4）エコセンター設置し、環境負荷削減

コープさっぽろでは、エコセンターを設置し、資源の再利用とCO_2排出量の削減にも取り組んでいます（写真4）。店舗・宅配センターの納品車両の帰り便を活用し、店舗や宅配、各事業所から出た廃棄物を回収、エコセンターに持ち込み、資源として再利用する事業も構築しています。すなわち静脈物流です。

対象となる廃棄物は、紙類、発泡スチロール、プラスチック、缶、生ゴミ、油脂類です。紙パックや内袋、段ボールなどの紙類は圧縮して、専門業者に販売し、再生紙としてリサイクルします（写真5）。発泡スチロールやト

写真５　紙パックや内袋、段ボールなどの紙類は圧縮して、専門業者に販売。再生紙としてリサイクルする

写真６　発泡スチロールやトレー、容器などを圧縮するプラスチック減容機。圧縮したプラスチックはＣＤケースなどのケースに再利用する

レー、容器などは、溶解・減容（容積を減らす）して、専門業者に販売（写真６）。再生プラスチックとしてＣＤのケースなどが製造されます。

発泡スチロールを溶かして固めた〝減容ブロック〟（１枚約７kg）は、１日に１５０～２００枚作成し、すべて取引商社に売却します。紙は１ｔ単位でロール化。アルミ缶も、専門業者に販売し、缶、鋳物、脱酸剤に変わり、生ゴミは一時保管して、専門業者に販売します。生ゴミは、農作物の肥料に再利用されます。惣菜の製造で使用した天ぷら油や期限切れの廃食油も取り扱います。油脂類は、専門業者を通じてＢＤＦ（バイオディーゼル燃料）を製造し、自社の宅配用車両の燃料として再利用します。

エコセンターの経常収支は、立ち上げ年度より黒字化し、コープさっぽろ全体の経常利益率向上にも、大きく貢献しています。以前は産業廃棄物の業者に任せていた仕事を、自社で賄うようになったため、支出が約1億円削減したそうです。

札幌市のゴミの有料化に伴い、自宅でゴミを出すとお金がかかるため、コープさっぽろの店内に設置してある「回収ボックス」でリサイクル資源物として出す人が増える見通しです。ゴミの有料化は資源回収にとって追い風にもなると期待しています。

〈ロジスティクス学⑫〉

社会を支えるロジスティクス

コープさっぽろの特徴

ロジスティクスは、「調達から生産と流通を経て消費し廃棄に至るもの」であり、このとき流通には「商流（商取引流通）」と「物流（物的流通）」がある。

コープさっぽろの特徴をロジスティクスからみると、スーパーと同じような「時間厳守の店舗配送」と、「生協組合員への宅配」が並立しているところにある。そして、環境対策としての「エコへの取り組み」が際だっている。

この、コープさっぽろのロジスティクスの特徴を、商流と物流の2つの視点から考えてみよう。

商流と物流の違い

商流（商取引流通）と物流（物的流通）の関係は、以下のように整理できる。

第1の違いは、「流通において、商流の結果ないし期待により物流が起きる」ということである。つまり、物流が起きる理由の1つは、「注文（商取引）があったから、製品を組み立てたり、包装して、運ぶ」のである。売買の成立した商品がメーカーから卸売業者の倉庫に納めたり、店舗で売れた電器製品や家具が顧客の家まで届けられる。もう1つの理由は、「売れるだろう（商取引）と期待して、商品を詰め合わせたり、包装して、運ぶ」のである。コンビニのおにぎりは「きっと明日の朝、80個くらい売れるだろう」と期待して運ばれるのである。「商取引の結果」であれ「商取引の期待」であれ、商流（受発注）があってこそ物流が起きることになる。このため、「商流は本源的需要で、物流は派生需要」という。

第2の違いは、「商流は拡大原理で、物流は縮小原理」である。もしも商売をするのであれば、誰もが、より多くの商品をより遠くまで販売して利益を上げようとする。東京だけで売るよりも全国に売りたいし、全国で売るだけでなく世界各国にも売りたい。このようにメーカーや卸小売業者は、より多くの商品をより遠い地域まで販売したいので、「商流は拡大原理」となる。一方の物流では、より短い距離をより短時間で商品を輸送した方が効率がよい。より少量の在庫でより短い期間だけ保管した方が在庫量の削減につながる。輸送であれ保管であれ、「物流は縮小原理」となる。このため、商流の拡大原理のもとで増加する輸送量と輸送距離や商品在庫量を、縮小原理に従って、いかに減らすかが物流の課題なのである。

第3の違いは、商流と物流のそれぞれにかかる時間である。このことをリードタイムで考えてみよう。リードタイムは、受発注時間、生産時間、配送時間の3つに区分できる。

「発受注」は、電話やインターネットを使えば、一瞬のうちに成立するので、受発注時間は限りなくゼロに近づく。しかし、「生産」となると時間がかかる。ピザの出前ならば30分程度ですむが、自動車の注文であれば生産には3週間程度かかるし、米であれば1年に1回の収穫である。同じく「輸送」も、生産地や保管場所から消費地が遠ければ遠いほど、時間がかかる。町内にあるピザ屋は近くにあったとしても、外国で生産されている衣料品が船便で日本の店舗に届くまでには、何日間かかかるのである。

このとき、商流と物流を分けることを、専門用語で「商物分離」という。通信販売のように、インターネットでコールセンターに注文しても、まったく別の場所の倉庫や配送センターから商品が届けられる。これこそが、商物分離の典型的な例である。

コープさっぽろの商流と物流

コープさっぽろが行っている店舗配送と組合員宅配では、配送先にとって物流が起きる引き金は異なっているが、どちらにも「商取引への期待」と「商取引の結果」が入り交じっている。

「物流センターから店舗への配送」において、物流センターは各店舗が注文するだろう量の商品を「商取引（注文）の期待」のもとで調達しておき、各店舗からの「商取引（注文）の結果」にもとづき、仕分けや配分を行い配送する、一方の各店舗にしてみれば、販売需要量を予測しながら物流センターに発注するのだから、「商取引（販売）の期待」にもとづいて物流センターに発注し、顧客からの「商取引（注文）の結果」に応じて販売している。

次に「生協組合員への宅配」は、組合員が生協に注文するのだから、物流センターは「商取引（注文）の結果」にもとづいて、仕分けを始める。しかし物流センターでは、注文があってから商品を調達していたら間に合わないので、あらかじめ組合員の注文量を予測して「商取引（注文）の期待」にもとづいて調達しているのである。

社会のためのロジスティクス

コープさっぽろは、生活協同組合ということで、もとより安全・安心の確保や、環境対策には熱心である。このように、社会のためのロジスティクス（ソーシャル・ロジスティクス）が、軍事とビジネスのロジスティクスに続いて、いま注目されている。

ソーシャル・ロジスティクスとは、１９９８年（平成10年）の日本物流学会の第15回全国大会の統一テーマとして初めて使用されたもので、「都市生活や経済活動とともに、環境負荷削減や資源利用を含めた、社会全体のためのロジスティクス」である。

ここには、グリーン・ロジスティクス（環境負荷削減）、リバース・ロジスティクス（資源再利用）、ライフサポート・ロジスティクス（生活支援）の3つがある。

「グリーン・ロジスティクス」とは、商品の輸送効率を高めて排出ガスを減らしたり、包装資材の使用量を減らして環境負荷を削減しようとするものである。

「リバース・ロジスティクス」は、ムダな資源利用を避けるために、ロジスティクスにおいても3R（リデュース・リユース・リサイクル）を実施しようとするものである。リデュース（reduce）は、過剰な生産や流通を避け、効率化を進めて消費量を減らそうとするものである。リユース（Reuse）は、古着の再利用やビール瓶の回収など、使用された商品や容器を再利用するものである。リサイクル（Recycle）は、ペットボトルを他のプラスチック製品の原材料としたり、家電リサイクルによる希少資源を回収するように、使用後の製品を再資源化し新たに原材料として利用するものである。これに、使用拒否（Refuse）や改装（Reform）や修理（Repair）などを加えていくと数が増えていくが、基本的には3Rである。

「ライフサポート・ロジスティクス」とは、家や職場での快適な日常生活を維持したり、防災や災害時の救助救援のためのロジスティクスである。

ロジスティクスで社会を支えるコープさっぽろ

暮らしを支えるロジスティクスの課題は、安全・安心を含めた環境対策と、少子高齢化社会への対応である。コープさっぽろは、食料品や日用品を提供するとロジスティクスを通じて、北海道の人々の生活を社会を支えている。

環境面では本文で紹介したように、グリーン・ロジスティクスとして、物流センターから店舗への輸送に使用するトラックの冷蔵用に、氷を使用してノンフロン化にしている。

リバース・ロジスティクスでは、エコセンターを設けて段ボールやペットボトルの再生利用発泡スチロールの回収・溶解・再利用している。

ライフサポート・ロジスティクスでは、もともと生活協同組合ということもあって、食料品を宅配している。少子高齢化社会にあわせて、食料品や日用品を届ける組合員への宅配そのものが、都市の高齢者世帯や山間地の買物難民を、現代の兵糧攻めから守っている。

おわりに

現在のわれわれがもっとも身近にロジスティクスを感じるのは、コンビニや宅配便だと思います。家の帰りに立ち寄るコンビニでは、弁当や日用品が常に供給されていて、われわれの生活を支えてくれています。宅配便は、電話で頼めば家まで荷物を取りに来てくれて、友人宅や旅行先まで届けてくれます。このようなコンビニや宅配便に、先進的なロジスティクスの知恵が詰まっていることは、よく知られています。

しかしやコンビニ宅配便以外にも、われわれの身の回りには、あまり知られていないロジスティクスが多く存在しています。このように、裏方に徹して、目立たないながらも暮らしを支えているロジスティクスを、ぜひとも紹介したいと思っていました。

実は、今回取り上げた12のテーマ以外にも、多くの取材をしました。新幹線や地下鉄車両を船に載せて国内や海外に運ぶ方法、送電線の鉄塔建設や山腹の鉄塔までの電線の輸送方法、大型液晶テレビのマンションへ搬入方法、建設資材を運ぶ取り付け道路の都合で決まる高速道路の建設順序の決定方法などもありました。残念ながら、紙数の都合で割愛させていただきました。これら以外にも、奥深いロジスティクスが身近にあることでしょう。

本書をきっかけに、多くの人々が日常生活のなかでロジスティクスを発見していただき、その重要性や役割を知っていただければ幸いです。

最後に、取材に応じてくださった皆様に対して、心より感謝を申し上げます。インタビューでは丁寧に応対していただき、ご協力いただいたことが何よりもうれしく思います。皆様のご協力なくして、本書はありえません。

そして、著者の思いを出版に結びつけることができたのは、白桃書房の大矢栄一郎社長のご理解の賜物です。ここに記して、感謝申し上げます。

著者紹介

苦瀬博仁（くせ　ひろひと）

流通経済大学流通情報学部教授

岡村真理（おかむら　まり）

物流専門紙の記者を経て、2008年から約２年半、東京海洋大学の苦瀬研究室のスタッフとして在籍。
現在は夫の仕事の関係で、UAE（アラブ首長国連邦）のドバイ首長国に在住。フリーライターとして、ドバイの生活情報をインターネットで配信中。

みんなの知《し》らない ロジスティクスの仕《し》組《く》み
――暮らしと経済を支える物流の知恵

発行日――2015年４月６日　初版発行　〈検印省略〉

著　者――苦瀬《くせ》 博仁《ひろひと》
岡村《おかむら》 真理《まり》

発行者――大矢栄一郎

発行所――株式会社　白桃書房《はくとうしょぼう》

〒101-0021　東京都千代田区外神田 5-1-15
☎03-3836-4781　Ⓕ 03-3836-9370　振替 00100-4-20192
http://www.hakutou.co.jp/

印刷・製本――藤原印刷

 ISBN 978-4-561-71203-9 C3063